企业核心能力战略

（修订版）

王江 ◎ 著

Core Competence-Based Corporate Strategy

知识产权出版社
全国百佳图书出版单位

图书在版编目（CIP）数据

企业核心能力战略/王江著. —修订本. —北京：知识产权出版社，2016.1
ISBN 978-7-5130-3159-2

Ⅰ.①企… Ⅱ.①王… Ⅲ.①企业管理—知识管理—研究 Ⅳ.①F270

中国版本图书馆 CIP 数据核字（2014）第 266943 号

责任编辑：段红梅	责任校对：董志英
装帧设计：刘 伟	责任出版：刘译文

企业核心能力战略（修订版）

王 江 著

出版发行：	知识产权出版社有限责任公司	网　　址：	http://www.ipph.cn
社　　址：	北京市海淀区马甸南村1号	天猫旗舰店：	http://zscqcbs.tmall.com
责编电话：	010-82000860 转 8119	责编邮箱：	duanhongmei@cnipr.com
发行电话：	010-82000860 转 8101/8102	发行传真：	010-82000893/82005070/82000270
印　　刷：	北京科信印刷有限公司	经　　销：	各大网上书店、新华书店及相关专业书店
开　　本：	787mm×1092mm 1/16	印　　张：	14.25
版　　次：	2016年1月第1版	印　　次：	2016年1月第1次印刷
字　　数：	205千字	定　　价：	45.00元
ISBN 978-7-5130-3159-2			

出版权专有　侵权必究
如有印装质量问题，本社负责调换。

前　言

在战略管理理论的研究中，关于构成企业长期利润或竞争优势的基础，出现了两种不同的观点。一种是以波特（Michael E. Porter）为代表的产业结构学派；[1] 另一种是以普拉哈拉德（C. K. Prahalad）和哈默尔（Gary Hamel）为代表的核心能力学派。[2]

20 世纪 60 年代到 80 年代，美国企业界面临着环境的重大变化，外部环境成为公司成功制定战略的决定性因素。产业结构学派认为，公司必须在有吸引力的行业中竞争。当许多公司有类似的战略资源，这些资源在公司间又可以流动时，竞争会变得异常激烈。在这种情况下，公司必须寻找最高潜在利润的行业，并学会如何用其拥有的资源并结合行业结构特点来实施战略。波特在《竞争战略》一书中，构造了一个制定竞争战略的分析框架，分析了决定产业吸引力的五种竞争力量，即潜在竞争者威胁、替代品威胁、现有竞争者的竞争、购买商讨价还价的能力以及供应商讨价还价的能力，认为产业吸引力、潜在利润是源于这五个方面的压力所产生的相互作用的结果，进而提出了赢得竞争优势的三种基本竞争战略：低成本战略、差异化战略和集中化战略。与此同时，波特还对各个具体产业，如零

---

[1] 产业结构学派的主要代表作：Porter M. E.. Competitive Strategy：Techniques for Analyzing Industries and Competitors. New York：Free Press，1980；Porter M. E.. Competitive Advantage：Creation and Sustaining Superior Performance. New York：Free Press，1985.

[2] 企业核心能力学派的主要代表作：Prahalad C. K. , Hamel G.. The core competence of the corporation. Harvard Business Review，1990，Vol. 68，No. 3：79 – 91.

散型产业、新兴产业、成熟型产业、全球化产业以及衰退型产业进行了进一步的探讨。之后,波特在《竞争优势》中,基于竞争战略,运用价值链分析的方法,探讨了企业如何创造和保持在其所选择的产业中的竞争优势,即如何才能实施上述三种基本竞争战略,其目的是在战略和实施之间实现沟通。

产业结构理论对指导企业竞争行为提供了基本方法,使企业更主动地培养竞争力和竞争优势,掌握自己的命运。然而,产业结构理论却无法合理地解释下列问题:为什么在无吸引力的产业中仍能有盈利水平很高的企业存在,而在吸引力很高的产业中又存在经营状况很差的企业?为什么企业进入与自身竞争优势毫不相关的产业进行多元化经营,最终大多会以失败而告终。对于这些问题,该理论没有给予明确的回答。

20世纪90年代,全球竞争环境发生了重大变化。经济全球化进程不断加快、互联网信息技术的出现,使得竞争更加激烈。戴维尼(D'Aveni,1994)提出了超竞争(hypercompetition)观点。[1] 戴维尼认为,在一个相对稳定和缓慢发展的环境中,建立和维持难以模仿的竞争优势可能更加有效。但在超竞争环境下,竞争更多关注的是如何打破现状,以致没有一个企业或经营单位能够轻易获得长期的竞争优势,优势更多情况下只是暂时的。竞争的指导思想更多地强调变化、速度、灵活性、创新和打破常规。麦克纳马拉等(2003)认为,战略既可以是经过深思熟虑地、有计划地以追求期望为目标,也可以是在面对突然出现的情况,通过"试试看或试错"过程来弄清楚何种办法可行。有计划的战略被看作是合理决策和精心设计的结果,而在超竞争环境下,面对突然出现的情况,战略则被看作是由一系列偶然决定或经过协调、也许未经协调的决定产生的结果。

面对企业经营环境的新的巨大变化,迫使企业不仅要关注其外部产品市场的变化,更要目光向内,注重自身独特的资源和能力的积累,造就其

---

[1] 戴维尼(D'Aveni)超竞争(hypercompetition)观点见文献:D'Aveni R.. Hypercompetition: Managing the Dynamics of Strategic Maneuvering. New York: Free Press, 1994.

特有的竞争能力。美国学者 Rumelt（1991）的实证研究结果表明："产业内长期利润率的分散程度比产业间的分散程度要大得多"，这说明企业表现为超额利润率的竞争优势并非来自外部市场力量，而是来自企业自身的某种因素。1990年普拉哈拉德（C. K. Prahalad）和哈默尔（G. Hamel）在《哈佛商业评论》上发表了《公司核心能力》一文，提出企业在战略上的成功来源于它们在发展过程中的核心能力。于是，出现了以普拉哈拉德和哈默尔为代表的核心能力学派。核心能力学派认为，当企业将所拥有的资源和能力用于发展其独特的核心能力，而且竞争对手不能用其他方法替代或模仿这些能力时，企业就能维持自己的竞争优势。

普拉哈拉德和哈默尔强调公司应该在自身能力的基础上计划和发展战略，以自身拥有的能力与战略方针、目标和现有的资源结合起来。而且最重要的是要创新和弥补自身的资源和能力的不足。可又是什么最终决定了企业的核心能力呢？如何培育、开发和修炼企业的核心能力？为什么一些企业在获得了核心能力的同时反而出现了"核心僵化"最终又失去了核心能力？对于这些问题，该理论并没有给出明确的答案。

随着知识经济的日益崛起，知识成为继劳动、资本、土地、企业家才能之后的第五种生产要素，而且成为最重要的资源。企业的经营和发展不再主要依赖于劳动、资本、自然资源等传统资源，而是更多依赖专业知识、想法、创意、洞察力和创新力等这些智慧资产。知识与能力培育的关系和竞争优势成为了战略管理研究的重点。实际上，纳尔逊和温特（1982）、[1]斯彭德（1989）[2]早期的著作已经指明了这个方向。温特（1987）[3]的研究工作确认了知识变成战略资产的条件。格兰特（Bobert

---

[1] Nelson R. R., Winter S. G.. An Evolutionary Theory of Economic Change. Cambridge, NJ: Prentice Hall, 1982.

[2] Spender J. C.. Industry Recipe. Oxford: Basil Blackwell, 1989.

[3] Winter S. G.. Knowledge and competence as strategic assets, in Teece, D. J. (ed), The Competitive Challenge. Cambridge, MA: Ballinger, 1987: 159-84.

M. Grant，1996）认为，❶ 隐性知识是持续竞争优势的根源。

可持续发展是人类社会发展的必然趋势。Freeman 和 Perez 通过研究康德拉捷夫长波发现"技术经济范式"（Techno – Economic Paradigm，TEP）的改变与经济增长周期密切联系，其中第六经济长波预示着人类社会向环境可持续发展转型。❷ 进入 21 世纪，绿色经济与知识经济融合不断加快，环境创新成为企业绿色发展的核心要素，并成为企业战略管理研究的重要内容和新的研究热点。

本书从战略性知识管理的角度对企业核心能力展开研究。全书共十一章。第一章构成全书的战略基础，重点介绍战略的定义、框架、主要思想学派等；第二章至第四章从知识管理和核心能力的基本概念和基本理论入手，分析了知识管理与核心能力之间的关系。第五章至第七章重点讨论了核心能力之源、核心能力培育和修炼问题；第八章和第九章分析了核心能力与多元化战略、核心能力与持续竞争优势关系问题；第十章论述了核心僵化及其超越问题；第十一章从可持续发展的角度，讨论了企业环境创新问题。

王 江
2015 年秋于北京

---

❶ Grant B. M.. Toward a knowledge – based theory of the firm. Strategic Management Journal，Vol. 17，winter，1996：109 – 22.

❷ 关于第六经济长波可持续创新问题，见：Hargroves K，Smith M. H. The Natural Advantage of Nations：Business Opportunities，Innovation and Governance in the 21st Century，Earthscan，London，2005，Chapter 1：Natural Advantage of Nations：17.

目 录

第1章 战略基础 ··· 1
  1.1 引 言 ·· 1
  1.2 战略的定义 ··· 2
  1.3 战略框架 ·· 8
  1.4 战略思想的不同学派 ································ 12
  1.5 市场与竞争分析 ····································· 15
  1.6 资源与能力 ·· 21
  1.7 国际竞争优势 ·· 24

第2章 知识管理 ··· 29
  2.1 知 识 ··· 29
  2.2 知识管理 ·· 37
  2.3 知识价值链模型 ····································· 39
  2.4 企业知识转化模式 ································· 42

第3章 核心能力 ··· 54
  3.1 企业核心能力及其特征 ··························· 54
  3.2 企业核心能力的识别方法 ······················· 58

第4章 知识管理与核心能力 ······························ 69
  4.1 知识管理与核心能力的关系 ···················· 69

  4.2 知识管理的重点关注领域——核心能力 ……………………… 70
  4.3 核心能力的本质：创造和运用知识的能力 …………………… 72
  4.4 企业核心能力的知识载体 ……………………………………… 73
  4.5 案例分析：BP 基于知识的核心能力…………………………… 76

第 5 章 核心能力之源：隐性知识及其开发 ……………………………… 83
  5.1 隐性知识的内涵和特点 ………………………………………… 83
  5.2 隐性知识的类型 ………………………………………………… 85
  5.3 隐性知识与持续竞争优势 ……………………………………… 89
  5.4 隐性知识开发利用的影响因素分析 …………………………… 91
  5.5 隐性知识的开发策略 …………………………………………… 94
  5.6 案例分析：日本前川公司隐性知识开发与管理……………… 100

第 6 章 通过知识管理培育核心能力 …………………………………… 111
  6.1 开发专业智能 ………………………………………………… 111
  6.2 建立知识联盟 ………………………………………………… 113
  6.3 塑造知识导向型的企业文化 ………………………………… 116
  6.4 案例分析：施乐公司依靠知识管理培育核心能力………… 118

第 7 章 核心能力的修炼：发展学习型组织 …………………………… 124
  7.1 组织学习与学习型组织 ……………………………………… 124
  7.2 学习型组织的五项修炼 ……………………………………… 128
  7.3 五项修炼与知识管理的关系 ………………………………… 131
  7.4 建立学习型组织 ……………………………………………… 132
  7.5 案例分析：如何建立学习型组织 …………………………… 134

第 8 章 围绕核心能力的企业多元化战略 ……………………………… 145
  8.1 企业多元化战略概述 ………………………………………… 145
  8.2 核心能力与企业多元化战略 ………………………………… 150
  8.3 案例分析：海尔集团的多元化战略 ………………………… 155

8.4 我国企业实施多元化战略应注意的几个问题 ……………… 158

第9章 核心能力与持续竞争优势 …………………………… 160
9.1 核心能力的维度 ………………………………………… 160
9.2 核心知识与知识运作能力的关系 ……………………… 164
9.3 知识竞争优势矩阵 ……………………………………… 165
9.4 案例分析：知识型企业如何获取持续竞争优势 ……… 167

第10章 企业核心僵化及其超越 ……………………………… 176
10.1 核心能力的辩证思考 …………………………………… 176
10.2 核心僵化的形成 ………………………………………… 178
10.3 核心僵化的理论解释 …………………………………… 181
10.4 核心僵化的识别 ………………………………………… 182
10.5 核心僵化的超越 ………………………………………… 184
10.6 核心僵化的例证：日本式管理的超越与被超越 ……… 187

第11章 企业环境创新选择及其对绩效的影响 ……………… 196
11.1 引　言 …………………………………………………… 196
11.2 相关研究回顾 …………………………………………… 198
11.3 企业环境创新选择 ……………………………………… 200
11.4 案例分析：生态轧制技术创新演进 …………………… 202
11.5 讨　论 …………………………………………………… 205
11.6 结论与启示 ……………………………………………… 207

后　记 …………………………………………………………… 209

主要参考文献 …………………………………………………… 210

第1章　战略基础

1.1　引　言

　　2003年1月23日，比亚迪宣布，以2.7亿元的价格收购陕西秦川汽车有限责任公司（现"比亚迪汽车有限公司"）77%的股份，进入汽车制造与销售领域，开始民族自主品牌汽车的发展征程。对比亚迪公司来说，这是一个决定性的时刻。公司掌门人王传福的思路是：通过电池生产领域的核心技术优势，打造中国乃至世界新能源电动汽车第一品牌，王传福的自信来源于比亚迪在电池生产领域的成功，他要复制这样的成功，他看准了庞大的汽车市场。

　　发展至今，比亚迪在新能源汽车制造领域已拥有领先全球的F3DM双模电动汽车、纯电动汽车以及E6等新能源汽车产品，迅速成长为中国最具创新的新锐新能源汽车品牌。2008年9月27日，美国著名投资者"股神"巴菲特的投资旗舰伯克希尔－哈撒韦公司旗下附属公司中美能源控股公司宣布以每股8港元的价格认购比亚迪2.25亿股股份，约占比亚迪本次配售后10%的股份，交易总金额约为18亿港元或相当于2.3亿美元。巴菲特投资代表了对比亚迪品牌价值的认可，对于加速比亚迪新能源汽车及其他环保产品在北美和欧洲市场，乃至全球的推广都极具战略意义。

　　2008年10月6日，比亚迪以近2亿元收购了半导体制造企业宁波中纬,整合了电动汽车上游产业链,加速了比亚迪电动车商业化步伐。通过这笔收购,比亚迪拥有了电动汽车驱动电机的研发能力和生产能力。作为电动车领域的领跑者和全球二次电池产业的领先者,比亚迪利用独步全球的技术优势,不断制造清洁能源的汽车产品。2008年12月15日,全球第一款不依赖专业充电站的双模电动车——比亚迪F3DM双模电动车在深圳正式上市。

2009年,比亚迪推出纯电动汽车e6。e6先行者搭载比亚迪自主研发的铁电池,是全球首款采用铁电池为动力的纯电动汽车,其铁电池使用寿命长,循环充电10000次后,仍有70%容量;动力能源转化率高达90%,远高于传统燃油车;最大功率为90kW,最大扭矩为450N·m,动力强劲;不开空调情况下,综合工况续驶里程最长达300km;百公里能耗仅19.5度电,费用仅为燃油车1/4。比亚迪所掌握的核心技术受到海外车商的重视,大众就是其中之一,多次向比亚迪提出了合作意向。

比亚迪的战略选择明显改变公司业务方向,为公司在业内争取长期的竞争优势奠定基础,并将对公司的业务重点和公司职能等产生深远的影响,同时对公司的业务也提出了进一步的挑战。

1.2 战略的定义

大多数人都认同Google、沃尔码、丰田的成功,这在很大程度上归因于这些企业所选择的战略。但如何定义战略,目前尚无一个统一的定义。表1-1中列举了其中的一些。从表1-1中可以看出,有些定义强调战略和目标的联系,有些则集中于使环境机会与企业的能力相匹配,还有一些定义强调战略的客观性和心理特性。

表 1-1 战略的不同定义

研究者	定义
von Clausewitz（1976）	关系到起草战略计划和形成个性的活动,并在这些运动过程中选定个性
von Neumann & Morgenstern（1944）	一个企业根据其所处特定的情形而选择的一系列行动
Alfred Chandler（1962）	决定一个企业的基本长期目标,并为实现这些目标而从事的一系列活动和资源配置的过程
Igor Ansoff（1965）	企业战略是由产品范围、成长方向、竞争优势互补、协同效应四要素构成
Kenneth Andrews（1971）	目的、宗旨（purpose）或者目标的模式,以及实现这些目标的主要政策（policy）和计划（plan）。通过这种方式定义了公司正在从事的或应该从事的业务,以及它现在所属于的或应当属于的企业类型
Steiner & Miner（1977）	明确表达基本的组织的使命、目的和目标,为达到这些使命、目的和目标而制定的政策和规划,以及为保证战略实施的方法
Glueck（1980）	为保证企业的基本目标得以实现而设计的一个一致的、全面的和完整的计划
Porter（1980）	竞争战略就是差异化,它意味着谨慎选择不同的行动以实现独特的综合价值
Mintzberg & Mchugh（1985）	一系列行为或决策模式
Hiroyuki Itami（1987）	决定了一个企业的经营活动的框架,为企业协调行动提供了指导方针,使企业可以应对并影响不断变化的环境。战略清楚明白地指出企业所倾向的环境,以及它努力追求的组织类型
Hatten & Haten（1988）	达到组织目标的途径
Miller & Dess（1993）	为了达到组织努力想要达到的目标而制定的计划或者采取的行动
Drucker（1994）	企业如何成功地竞争的理论
Hitt, Ireland & Hoskisson（1997）	为了充分利用核心能力以获得竞争优势而设计的完整的相互协作的约束和行动集合

资料来源:作者根据相关资料整理而成。

在关于战略的定义中，明茨博格（Mintzberg）借鉴市场学中四要素（4P's）的提法，即产品（Product）、价格（Price）、渠道（Place）和促销（Promotion），提出战略的五个不同方面的定义，即战略是：计划（Plan），计谋（Ploy），模式（Pattern），定位（Position）和观念（Perspective）。

（1）战略是一种计划。大多数人将战略看作一种计划，即它是一种有意识的有预计的行动程序，一种处理某种局势的方针。根据这个定义，战略应具有两个基本特征：一是战略须在企业经营活动之前制定，以备人们使用；二是战略是有意识、有目的地开发和制定的。总之，从本质上讲战略是行动之前的一种概念。如杜拉克所说，"战略是一种统一的、综合的、一体化的计划，用来实观企业的基本目标。"在博奕论中冯·纽曼（John von Neumann）认为战略是一种全面的计划，是一种说明计划人员在每一种可能的情况下将作出选择的计划。

（2）战略是一种计谋。这是指在特定的环境下，企业将战略作为威胁和战胜竞争对手的一种具体手段。这种威胁通常是由企业发出的一些"市场信号"所组成的。一些市场信号可能见诸于行动，而更多的只是对竞争对手的一种恫吓手段。譬如，一个企业在得知竞争对手想要扩大生产能力占领更多市场时，便提出自己的战略是增加研究与开发费用以推出更新、更尖端的产品占领市场。竞争对手在得知这种"信号"后，深知该企业资金雄厚、产品质量差异化好。为避免竞争升级，便放弃扩大能力的设想。一旦竞争对手采取了放弃的态度，该企业并没有将开发新产品的战略付诸实施。因此，这种战略被称作一种计谋，使之对竞争对手构成威胁。

（3）战略是一种模式。钱德勒在《战略与结构》一书中指出，战略是企业为了实现战略目标而进行的重要决策、采取的途径和行动以及为实现目标对企业主要资源进行分配的一种模式。这种定义将战略体现为一系列的行为。这就是说，无论企业是否事先对战略有所考虑，只要有具体的经营行为，就有战略。

战略作为一种计划与战略作为一种模式的两种定义是相互独立的。在实践中，计划往往可能在最后没有得到实施，这样计划的战略或设计的战略就变成了没有实现的战略。战略是一种模式的概念将战略视为行动的结果，这种行动可能事先并没有设计，但最后却形成了，因此成了已实现的战略。在已设计的战略与已实现的战略之间是准备实施的战略。这是指那些已经设计出来，即将实现的战略。而自发形成的战略则是指那些预先没有计划，自发产生的战略。这些战略之间的关系如图1-1所示。

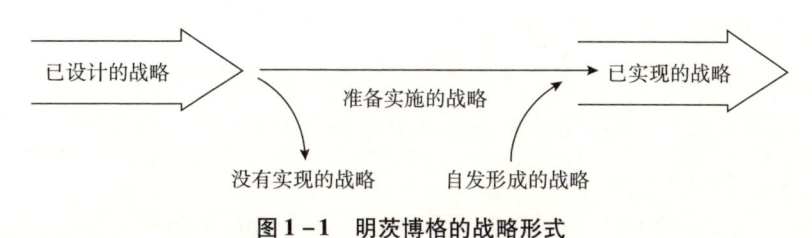

图 1-1　明茨博格的战略形式

资料来源：Mintzberg H., Waters J.. Of Strategies, deliberate and emergent. Strategic Management Journal, 1985, Vol. 6, No. 3: 258.

（4）战略是一种定位。战略是一个企业在自身环境中所处的位置或在市场中的位置。这里战略实际上成为企业与环境之间的一种联结力量，使得企业的内部条件与外部的环境更加融洽。值得指出的是，战略是一种定位的概念引进了"多方竞争"以及超越竞争的含义。也就是说，企业在活动中既可以考虑与单个竞争对手在面对面的竞争中处于何种位置，也可以考虑在若干个竞争对手面前自己在市场中所处的地位。甚至企业还可以在市场中确定一个特殊的地位，使得对手们无法与之竞争。德博诺（Edward de Bono, 1992）提出"超越竞争"（SUR/PETITION）的战略思想即是一种特殊的定位战略。传统意义上的竞争是"找别人争"，选择同别人一道赛跑，竞争者在同一场赛跑中。"超越竞争"即"超越别人"，是竞争者选择自己的赛跑。

（5）战略是一种观念。这种定义强调战略是一种概念的内涵，即所有的战略都是一种抽象的概念，是人们思维的创造物，是一种精神的产物，它存在于需要战略的人们的头脑之中，体现于战略家们对客观世界固有的认识方式。例如，有的企业是进取的、开拓的，创造新技术，开发新市场；而有的企业则一成不变，固守于早已建立的市场上。这说明企业的经营者对客观世界的不同认识会产生不同的经营效果。战略是一种观念的重要实质在于，它同价值观、文化、理想等精神内容一样为企业成员所共享。因此，研究一个企业的战略，需要了解和掌握该企业的期望如何在成员间分享，以及如何在共同一致的基础上采取行动。

从以上五个方面对战略进行定义，有助于对战略深刻理解。不同的定义只能说明人们对战略的特性的不同认识，不能说明哪种战略定义更为重要。五种定义只不过是从不同角度对战略加以阐述。对五种战略的定义区别，如表1-2所示。

表1-2 明茨博格（Mintzberg）对战略的五种定义

战略定义	定义的核心要点
计划型战略	强调企业高层管理人员要有意识地进行领导，凡事谋划在先，行事在后
计谋型战略	强调战略是为威胁或击败竞争对手而采取的一种手段，重在达成预期竞争目的
模式型战略	强调战略重在采取行动，是一系列行动的表现。战略也可自发地产生
定位型战略	强调企业应适应外部环境，创造条件更好地进行经营上的竞争或合作
观念型战略	强调战略过程的思维观念，要求企业成员共享企业的价值观和企业文化，形成一致的行动

根据以上定义，战略有如下特征：

第一，战略考虑的是企业发展的长期方向。比亚迪通过在电池技术的优势进入新能源汽车领域，在发展方向是一次重大变化，对公司发展的影响也将是长远的。

第二，战略关注的是如何使企业获得竞争优势，从而在竞争中取胜。

第三，战略与公司的经营活动范围有关。例如，企业是应该专注于一个活动领域还是多个领域？是相关多元化还是非相关多元化？是垂直一体化还是水平一体化？经营范围界定了公司战略考虑边界，随之对资源配置产生直接影响。

第四，战略也被看作是企业的资源和经营活动与其运营环境的"匹配协调"，这有时也被称为寻找战略适应（strategic fit）。战略适应是指设法识别经营环境中存在的机会，对其配以相应的资源和能力以充分利用这些机会，并在此基础上制定战略。

第五，战略也被看作以企业的资源和能力为基础或对二者加以延伸，创造机会或充分利用机会的做法。战略延伸（strategic stretch）是指充分利用企业的资源和能力，创造竞争优势并（或）产生新的机会。在实践中，企业在制定战略时通常既要考虑战略"适应"，又要考虑战略"延伸"，如表1－3所示对二者进行了比较。

表1－3 战略优势：适应还是延伸？

战略角度	以环境为主导的战略适应	以资源为导向的战略延伸
制定战略的基础	在市场机遇与组织资源之间寻找匹配、适应	充分发挥组织的资源优势以提供更大的价值
实现竞争优势的不同方法	"正确"定位 以市场需求为导向的差异化战略	具备满足市场需求或创造市场需求的能力，在此基础上实施差异化战略
小型企业的生存方式	寻找并巩固有利可图的市场	改变"游戏规则"
降低风险的方法	产品/业务组合	能力组合
公司总部的投资重点	业务单位或下属公司的发展战略	核心能力

资料来源：Johnson G., Whittington R., Scholes K., Angwin D., Regner P.. Exploring Strategy: Text & Cases. 10th edition. Finance Times/Pentice Hall, 2013.

第六，战略有时需要对企业的主要资源作出改变。例如，公司在进行地域扩张的决定对新客户群的开发和支持将产生重大影响，有时这也是高风险的战略行为。因此，在制定未来发展战略时，不仅应考虑公司现有资源能力与市场机会的适应程度，还要考虑未来战略发展所需资源的可得性和可控性。

第七，战略要考虑运营活动的影响。这是因为，如果企业运营层面与整体发展战略不一致，无论整体发展战略多么完美无缺，它都不会取得成功；真正的战略优势只有在运营层面上才能实现。

第八，战略不仅受到环境因素和可用资源的影响，还被企业内外那些有权力的人的价值观和期望所影响。从某种程度上看，战略反映了那些对企业最具影响力的人的态度和信念。

1.3 战略框架

目前，战略领域还没有形成一个统一的框架。本书介绍两种不同于传统的基于战略分析—战略选择—战略实施的战略管理框架。

1.3.1 明茨博格的战略过程框架

战略研究和实践中存在这样一个假设，即先制定战略，后实施战略。企业可以运用组织架构、控制系统以及其他手段来实施战略。明茨博格认为，现实中，战略的形成与实施是一个复杂的互动过程，往往交织在一起，难以截然分开。尽管在某些情境下，如在危机中、某些全新的风险下、要预测的组织中，战略的形成与实施可能会分开，但并不典型。因此明茨博格认为，战略不仅是"先制定，后实施"，而且要"先概念，后情境"，并提出如图1-2所示的战略过程框架结构。

在明茨博格的战略过程框架图中，概念分为两个部分，即战略和动力。战略部分包括战略性质、战略形成和实施战略的过程、战略家等；而动力部分包括认知、组织、技术、合作、全球化和价值观等。要研究战略制定过程，就必须了解推动战略过程的这六种力量。各种情境包括初创企业的管理、成熟期的管理、管理专家和管理创新、多元化的管理等。应研究如何将这些概念和元素组合起来去适应特定的情境，即找到适合该情境的组织结构、适合采取的战略、要形成与实施的战略过程，以及与该情境有关的社会问题。

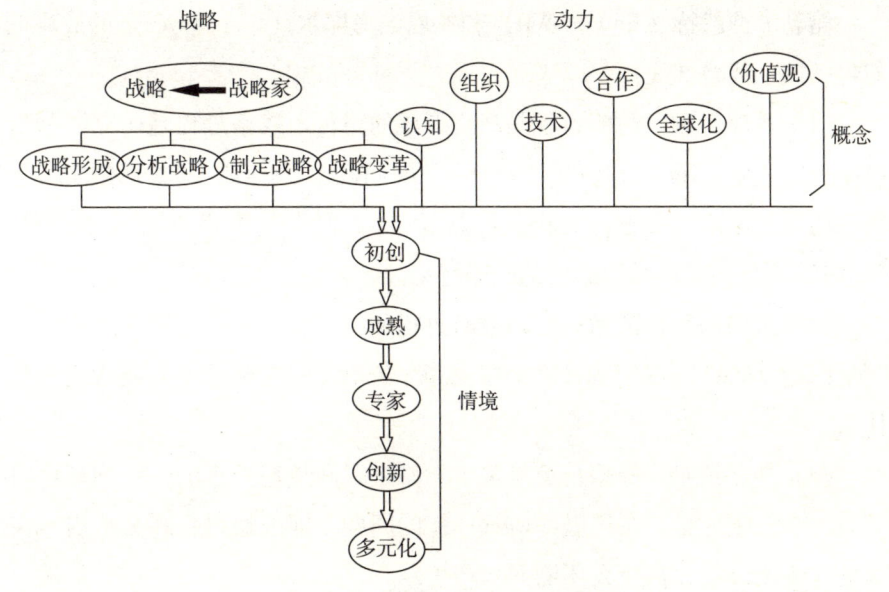

图1-2 明茨博格战略过程框架

资料来源：Mintzberg H., Lampel J., Quinn J. B., Ghoshal S.. The Strategy Process: Concepts, Contexts, Cases, 4th Edition. Upper Saddle River, NJ: Prentice Hall, 2003.

1.3.2 de Wit–Meyer 战略管理框架

鲍勃·德威特（Bob de Wit）和罗恩·梅耶尔（Ron Meyer）从战略过程、内容、情境和目标四个方面提出战略管理框架，如图1-3所示。

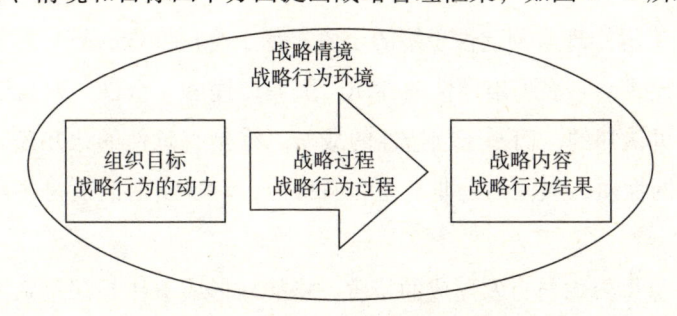

图1-3 战略过程、内容和情境框架

资料来源：de Wit B., Meyer R.. Strategy: Process, Content, Context. 4th Edition. Cengage Learning Business Press, 2010.

鲍勃·德威特（Bob de Wit）和罗恩·梅耶尔（Ron Meyer）的战略框架包括四个战略维度：

（1）战略过程。战略过程是战略形成的路径。战略过程是研究"如何（how）、何人（who）和何时（when）"的问题，"如何"即如何制定、分析、构思、陈述、实施、更新和控制战略；"何人"即谁参与战略过程；"何时"即什么时候采取必要的战略行动。

（2）战略内容。战略内容是战略过程的结果和产物。战略内容是研究"是什么（what）"的问题，即公司及其业务单元的战略是什么或者应该是什么。

（3）战略情景。战略情境是关于战略过程和战略内容的一系列环境因素。战略情境研究"在哪里（where）"的问题，即战略过程和战略内容在哪里（哪家公司和在什么环境下）产生。

（4）组织目标。组织目标是组织战略行为的动力来源。制定战略本身不是目的，只是实现特定目标的手段。组织目标是研究"为什么（why）"的问题，即组织为什么要存在？为什么企业的战略选择会引导组织朝着既定方面发展？

鲍勃·德威特（Bob de Wit）和罗恩·梅耶尔（Ron Meyer）打破传统的战略管理框架，从战略过程、内容、情境及组织目标四个方面提出战略管理中的"十大"矛盾关系。[1]

（1）逻辑推理与创造性思维的矛盾。基于逻辑推理的战略思维是分析性的认知模式，它表现出理性的性质，强调严谨和一致性，对现实的假设是客观和可认知的；而基于创造性的战略思维是直觉性的认知模式，它表现出想象的性质，强调的是非常规和洞察力，对现实的假设是主观和可创造的。

（2）深思熟虑与自发形成的矛盾。将战略形成看作是深思熟虑的过程

---

[1] de Wit B., Meyer R.. Strategy: Process, Content, Context. 4th Edition. Cengage Learning Business Press, 2010.

的一派认为，战略是精心设计的，其形成过程是规划和结构化的，强调程序化和组织的效率；而将战略形成看作是自发形成过程的一派则认为，战略是逐渐形成的，其形成过程是应急和非结构化的，强调学习和组织发展。

（3）革命性与渐进性的矛盾。革命性的观点认为战略变革是通过采取激进的、快速的和全面的措施来实施，强调的是非连续性的创造性破坏；而渐变的观点则认为，战略变革是通过渐变的方式加以实施，更多地强调持续性的学习和连续性的改善。

（4）市场需求驱动与资源优势利用的矛盾。市场的观点把市场或环境当作分析起点，进而选择具有优势的市场定位，然后来获取实施这种选择所需的资源；而资源基础观把企业所拥有的资源基础作为起点，然后选择与其相匹配的市场或环境。

（5）快速反应和协同的矛盾。快速反应的观点强调企业应充分发挥各业务单位的灵活性，竞争的主体应是各业务单位，竞争战略主要存在于业务层面，关键的成功因素是对环境变化的迅速响应；而协同的观点强调协调的重要性，认为竞争的主体是公司的整体，竞争战略主要存在于公司层面，关键的成功因素是对公司所拥有的能力的充分支配和使用，各业务单位之间互相依赖、高度整合，表现出了高度的协调，总部的控制措施则是依赖于整体的战略规划。

（6）竞争与合作的矛盾。竞争的观点认为，公司在同其他外部公司之间采取竞争性的关系，企业保持自己的独立性，同外部公司发生的交往也都通过市场交易进行；而合作的观点则认为公司与外部其他公司发展合作性的关系，通过牺牲一定程度的独立性而获取合作的收益。

（7）遵守规划和重新选择的矛盾。遵守规则的观点从产业演化视角强调企业应该遵守产业的现有规则，认为产业变化是不可控的演化过程，变化的动力机制是环境选择合适的企业，因此企业成功的关键是符合产业的要求；而与产业演化视角相对应的产业创造视角则强调重新选择而非遵守规则，它认为产业变化是一个可控的、创造的过程，变化的动力机制是企业创造出适合自身的环境。

(8) 控制与混沌的矛盾。控制的观点认为企业领导者对组织拥有很大的控制权，因此不受组织环境的限制，这可以被称为组织领导视角；混沌的观点则坚持领导者实际上是组织环境的产物，因此他们对于组织的战略只有很小的影响力，这可以被称为组织动力视角。

(9) 全球化和本地化的矛盾。持全球化观点者认为国际多样性的程度不断降低，一体化程度不断增加，这背后的主要驱动因素是技术和通信的快速发展，因此企业战略的重点是通过全球化获得全球范围内的效率，创新过程主要是在总部开发然后推向全球，组织结构则是以总部为中心的轮毂式；而持国际多样性观点者则认为国际间的多样性依然存在，原因主要是文化和制度等惯性的影响，所以战略重心是对当地的灵活反应，创新过程是以当地开发为主，采用的则是网络式的组织结构。

(10) 利益和责任的矛盾。支持利益的观点认为，企业目的就是为了实现其所有者（即股东）的利益最大化；与之相对应的利益相关者责任观认为，企业是由股东、雇员、银行、消费者、供应商、政府以及社区等组成的联合体，其目标是满足所有的利益相关者。

上述战略管理中的"十大"矛盾，也是战略管理者在实践中要面对的关键问题。

1.4 战略思想的不同学派

1.4.1 战略过程的思想学派

战略过程思想学派回答 How 问题，即战略是如何形成的。明茨博格认为，战略管理的真谛其实就像一头大象，十大流派只是从不同的侧面看到大象的局部，只有综合集成各派的观点，才能对大象有整体的认识和体悟。表 1-4 总结了明茨博格的战略过程的十大思想学派。

表 1-4　明茨博格战略过程的思想学派

战略思想学派	描　　述
设计学派 （Design）	该学派把战略形成看作一个概念化的过程。主张战略形成应当深思熟虑，严谨缜密；同时，战略应该简明清晰，易于理解和传达，便于执行、检验和不断改进。设计学派的代表人物安德鲁斯（K. Andrews）提出的著名 SWOT 战略分析模型，就很好地体现了这些要求。设计学派的代表作包括菲利浦·塞兹尼克（P. Selznick）1957 年出版的《经营管理中的领导力》、阿尔弗雷德·钱德勒（A. Chandler）1962 年出版的《战略与结构》，以及肯尼斯·安德鲁斯 1965 出版的《经营策略：内容与案例》和 1972 年出版的《公司战略概念》
规划学派 （Planning）	该学派把战略形成看作一个受控制的、有意识的、详细具体而正规化的过程。计划学派继承了设计学派 SWOT 分析的思想，但克服了设计学派过于主观的分析方法，引进了以决策科学为代表的数量分析方法，提出了许多制定企业战略的数学模型和定量分析工具。计划学派代表人物安索夫（Ansoff）1965 年出版的《企业战略》堪称经典，申德尔和霍夫的《战略管理》（1979）亦是重要文献。此外，在斯坦纳（Steiner）、艾考夫（Ackoff）等人的推动下，计划学派的理论与实践紧密结合，产生了如经验曲线、增长-份额矩阵、市场份额与获利能力关系 PIMS（Profit impacton market share）等概念和研究方法，进一步丰富了战略管理理论
定位学派 （Positioning）	该学派把战略形成看作一个分析的过程。波特 1980 年出版的《竞争战略》，以及随后于 1985 年、1990 年分别出版的《竞争优势》和《国家竞争优势》这"三部曲"，确立了定位学派在整个战略管理理论中的地位
企业家学派 （Entrepreneurship）	该学派把战略形成看作是一个预测的过程，一个构筑愿景的过程；是企业家对企业未来图景的洞察过程。该学派的主要代表作有：富兰克·奈特（Frank Hyneman Knight）的《企业家精神：处理不确定性》（1967）、熊彼特的《经济发展理论》，以及柯林斯和摩尔（Colllins &Moore）撰写的《组织的缔造者》
认知学派 （Cognitive）	该学派把战略形成看作一个心理过程。认知学派有两个分支：一个分支倾向实证主义，将知识的处理和构建看成是试图勾画客观世界的结果；另一分支则认为，所有的认知活动都是主观的，战略其实是对世界的解释。认知学派的代表作有：赫伯特·西蒙（Herbert Alexander Simon）的《行政管理行为》（1945）、《组织》（1958）和《思想模型》（1979）

续表

战略思想学派	描 述
学习学派 (Learning)	该学派把战略形成看作一个应急的过程,将战略视为一个复杂的、进化的、渐进的和想象的过程,注重分析战略在组织中实际上是怎样形成的。学习学派的代表作主要有:查理·林德布罗姆的《"蒙混过关"的科学》(1959)、詹姆斯·布雷恩·奎因的《应变战略:逻辑渐进主义》(1980) 和彼德·圣吉的《第五项修炼》(1990)
权力学派 (Power)	该学派把战略形成看作一个协商的过程,强调在战略形成过程中,必须考虑权利即政治方面的因素。权力学派的代表作主要有:麦克·米兰(Mac Millan)的《论战略形成:政治概念》(1978)、普费弗和萨兰西克的《组织的外部控制》(1978)
文化学派 (Culture)	该学派把战略形成看作一个集体思维和社会交互的过程,它把个体的集合连接到组织这个整合实体之中,着眼于共同利益,确立了组织风格与个人风格的同等地位,有利于建立整体观念。文化学派的代表作主要有:艾瑞克·莱恩曼的《长远规划的组织理论》(1973)、罗伯特·沃特曼 (Robert H. Waterman) 与汤姆·彼得斯 (Tom. Peters) 合著的《追寻卓越》(1982),及博格·沃纳菲尔德的《资源为本理论》(1984)
环境学派 (Environmental)	该学派把战略的形成过程看作是企业对外部环境的反应过程。环境学派的代表人物是 Hannan 和 Freeman,主要研究组织进化过程、组织种群的变化与环境选择的结果
结构学派 (Configuration)	该学派把战略形成看作一个变革的过程。该学派认为,企业战略应从两方面去定义,一方面,战略在一定时期需要稳定,形成某种需要从多个角度认识的架构;另一方面,战略变革又穿插于一系列相对稳定的战略状态之间,因而战略架构也需要变革。结构学派的代表作是:普拉迪普·坎德瓦拉、亨利·明茨博格和米勒合著的《"里卡洛斯"的悖论》(1990)

资料来源:Mintzberg H., Ahlstrand B., Lampel J.. Strategy SAFARI. New York:The Free Press, 1998.

1.4.2 战略优势的思想学派

战略优势的思想学派回答"是什么"(What)的问题,即什么因素构成并支撑了企业的竞争优势。在寻求对竞争优势的解释方面,麦克纳马拉等（2003）提出了产业组织（Industrial Organization，IO）和资源基础观（Resource – Based View，RBV）这两种主要观点。核心能力学派应属于资源基础学派，但由于核心能力学派在战略管理研究和实践领域的广泛影响，本书将其单独列为一派。❶ 表1-5总结了战略优势的思想学派。

表1-5 战略优势的思想学派

学　派	描　述
产业组织学派 （Industrial organization）	该学派认为一个企业的战略优势取决于企业所处的产业吸引力和企业在该产业中所处的竞争地位。产业组织学派的代表人物是波特（M. E. Porter）
资源学派 （Resource – based view）	该学派的核心观点是，战略优势取决于企业是否拥有一系列独特资源。资源学派的代表人物是巴尼（Jay B. Barney）❷
核心能力学派 （Core competence）	该学派继承了资源学派的思想，强调战略优势不仅取决于独特的资源，而且重在资源整合和运用能力。核心能力学派的代表人物是普拉哈拉德（C. K. Prahalad）和哈默尔（G. Hamel）

资料来源：作者根据相关资料整理而成。

本章后面的部分重点阐述战略优势领域中的市场与竞争分析、资源与能力分析、国际竞争优势分析等内容。

1.5　市场与竞争分析

1.5.1　"五力"分析

市场的性质是什么？谁是主要的竞争对手？游戏的规则是什么？潜在

---

❶ 1984年沃纳菲尔德（Birger Wernerfelt）在《战略管理期刊》（Strategic Management Journal）发表"企业资源基础观"一文，但是直到1990年，普拉哈拉德（C. K. Prahalad）和哈默尔（G. Hamel）在《哈佛商业评论》（Harvard Business Review）发表《企业核心能力》（The core competence of the corporate）一文，资源学派才受到学术界及企业界的广泛关注。

❷ Barney J. B.. Firm resources and sustainable competitive advantage. Journal of Management，1991，Vol. 17，No. 1：99 – 120.

利润有多大？这些都是管理者希望在某个市场中获得竞争优势之前必须要搞清楚的问题。要分析某个给定市场的竞争动力，"五力"分析法是一种有效的框架。

五力分析法能够确定竞争的力度和性质。五力是指：供应商、购买商、替代品、潜在竞争者，以及现有竞争者。图1-4是五力模型。表1-6说明了五力关注的主要问题和分析要素。

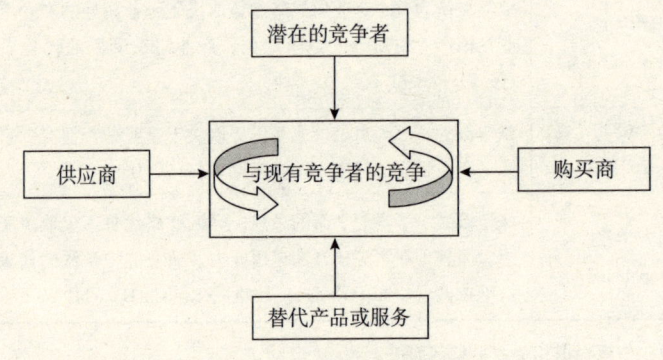

图1-4　五种力量模型

资料来源：Hamel G., Prahalad C. K.. Competing for the Future. Boston MA：Harvard Business School Press, 1994.

表1-6　五力关注的问题和要素

力　量	问　题	要　素
供应商	• 谁是我们的主要供应商？我们的购买量是多大？我们会向谁购买？在什么情况下会购买更多或更少？ • 有没有某个供应商和供应商群体对我们特别重要？ • 哪个因素对我们特别重要？是质量？价格？可靠性？还是服务？抑或是四种因素都很重要？ • 更换供应商的成本是多大？	供应商的集中度，供应商间的差别，可利用的替代供应品，供应商向下游一体化的可能性，产量对供应商的重要性，成本和差异化对供应品的影响，本公司与供应商的转换成本，原材料价格变动对供应商的影响

续表

力量	问题	要素
购买商	• 谁是我们的消费者？每个消费者能从我们这里购买多少东西？他们愿不愿意购买更多？在什么情况下会购买更多？ • 有没有某个消费者或者消费者群体对我们特别重要？ • 我们如何对待不同的市场划分？他们为什么购买我们的产品或者服务？这些产品或服务对他们有什么好处？ • 他们对价格的敏感度如何？对质量、服务和其他因素的敏感度如何？	客户的品牌识别能力，买方的转换成本，产品的差异程度，买方向上游一体化的可能性
替代品	• 市场上我们的产品或服务的替代品是什么？ • 它们在价格、质量和性能方面与我们的产品有什么区别？ • 我们的顾客会不会用竞争者的产品或服务？	转换成本，产品的生命周期，技术创新
潜在竞争者	• 潜在竞争者进入我们市场的障碍是什么？ • 我们的品牌强度如何？ • 潜在竞争者模仿我们的经营手法的难度如何？	规模经济，转换成本，国家政策，资金需求，分销渠道，经验曲线，反击措施
现有竞争者	• 我们所在的产业是朝阳产业还是夕阳产业？ • 我们的竞争者是多还是少？ • 我们是否拥有核心能力？ • 消费者改用竞争者的产品和服务的转换成本是多大？ • 竞争者的所有制结构如何？我们的市场对它们的重要程度如何？	行业增长率，市场份额的变化，产品的差异化，品牌的识别，退出障碍，竞争者的平衡和集中

1.5.2 互联网电子商务对竞争结构和战略的影响

自 1995 年以亚马逊书店为代表的一批电子商务企业的兴起，互联网迅速与商业结合，在全球范围内掀起了一场研究和发展电子商务的热潮，如沃德·汉森在《互联网营销原则》（Principle of Internet Marketing）一文中，较全面地介绍了网络营销的原则和实务经验。研究者提出了虚拟企业、虚拟社区、注意力经济等一系列新概念，如 John Hagel Ⅲ 和 Arthur G. Armstrong 在其所著的《净收益》(Net Gain) 中，详细分析了虚拟社区的产生原因和发展前景。企业界和理论界还共同设计了 BtoB、BtoC、CtoC 和"鼠标+水泥"等一系列电子商务具体运作模式。这些概念和模式一般都来自于企业的实践尝试，但迅速被提升到理论高度，经过完善之后又迅速推广到其他企业。

随着 2000 年互联网泡沫的破裂，理论界对电子商务的研究转入反思期。虽然大多数企业界和理论界人士都对电子商务的商业价值坚信不疑，但也认识到网络公司并非是电子商务的主体，真正的主体是利用互联网大幅度减低交易成本和向消费者提供更高质量服务的传统企业。只有传统企业利用电子商务改造价值链，降低生产成本和交易费用，网络经济才能有足够的支撑。

以波特为代表的一些研究者认为，电子商务虽然带来了巨大的变革，但只是改变了企业的竞争环境，而并没有推翻经典的企业战略理论。最具代表性的是波特在《哈佛商业评论》上发表的《战略与互联网》(Strategy and Internet) 一文。文中指出，电子商务环境下过去一些已被实践检验过的有效战略制定原则仍然适用，它超越了任何行业和任何技术环境。企业要想在电子商务时代取得成功，就应该把电子商务作为传统竞争方式的互补而不是替代手段。传统的有关竞争战略和竞争优势的战略理论仍然是适用的。电子商务时代企业竞争战略的最终目的仍然是获得竞争优势，而竞争优势的取得也仍然取决于企业所在行业的长期盈利能力和企业在行业中的竞争地位。Rangan & Adner (2001) 撰文深入分析了当时人们对互联网电子商务价值和实施模式所存在的七个认识误区，指出了互联网电子商务的根本价值在于要让企业提高长期盈利能力。David Feeny 在《电子机会的商业意识》(Making business sense of the E - opportunity) 一文中分析了互联网电子商务在三个商业领域给企业带来的发展机会：电子运作（E -

operation)、电子营销（E-marketing）、电子服务（E-service），概括了互联网电子商务在企业战略上的应用。

另一些研究者则认为互联网电子商务将彻底改变企业的生存环境和组织架构，从而引发企业战略变革。如Christensen（2001）在《竞争优势的过去和未来》（The Past and Future of Competitive advantage）一文中对比研究了传统企业竞争优势在互联网电子商务环境中的变化，并提出企业需要变革以往的战略理念，以在未来的竞争中立于不败之地；斯蒂芬·P. 布雷德利（Stephen P. Bradley）和理查德·诺兰（Richard L. Nolan）在其编著的《感应与响应》（2000）一书中指出，在信息技术革命性变化的推动下，企业经营模式正在发生根本性的转变。传统的"制造与销售"战略正在被更快的、实时的"感应与响应"（Sense & Respond）战略所替代，即更多的企业通过电子方式与消费者联系以感应他们的需求，然后使用网络技术开发新的能力以实时响应这些需求。

从上述互联网电子商务发展可以看出，尽管互联网公司遭遇到了困难和挫折，但互联网电子商务的发展并未停止。相反，在掠去互联网泡沫的表象之后，互联网逐渐回归到为客户提供价值上来，并逐渐得到发展。涌现出诸如Google、百度、阿里巴巴等优秀互联网公司。而传统企业通过与电子商务应用结合逐渐找到了自己的发展模式，如美国通用、福特等汽车制造商、计算机制造商Dell、美国钢铁公司等企业在互联网的支撑下重新在行业中占据了重要的地位，并带动了行业内相关企业电子商务的发展。实体产业通过被网络化被吸纳入互联网的经济范畴，从而构成了一个全新的经济形态——互联网经济体。

作为互联网与实体经济融合的互联网经济，极大地扩大了消费需求和新的基础设施投资，带动就业，直接带动经济增长，推动了传统流通业、制造业、出口加工业的转型升级，同时，孕育了技术、产品和商业模式自主创新的基因。未来，随着互联网的进一步广泛渗透，互联网对经济增长的贡献将更加明显。2014年7月，麦肯锡全球研究院发布的《中国的数字化转型：互联网对生产力与增长的影响》预计，2013年至2025年，互联网将帮助中国提升GDP增长率0.3%~1.0%。这就意味着，在这十几年中，互联网将有可能在中国GDP增长总量中贡献7%~22%。同时，互联网经济不是一个靠刺激内需的短期投资思维，而是内生驱动的经济体，是解决中国经济长期发展问题的新范式。从国际竞争来看，与传统的工业经济相比，基于互联网的信息经济的生产要素、基础设施、经济形态、竞争规则都在发生重大转变。在全球市值最大的五家互联网公司中，中国占了两家。在新的国际竞争形势下，中国有可能实现"换道超车"，取得先机，甚至成为规则制定者。例如，在电商领域，淘宝交易规模早已超过美国ebay和亚马逊总和。在交易支付领域，新兴的中国互联网支付平台——支付宝已经具备与国际支付巨头Visa和Master同台竞争的能力。只需政策得当，中国企业就可以在互联网经济的国际版图上拥有话语权。

电子商务为企业带来空前发展机遇的同时，企业也面临巨大的挑战。电子商务环境下，企业外在环境的改变越来越频繁，经营形势越来越复杂，市场上的对手增多使竞争越来越激烈，创新的需求越来越多，产品的生命周期越来越短，客户期望越来越难以满足，品质的要求越来越严格，成本的压力越来越大，风险也越来越难以掌握，对市场的反应时间越来越紧迫。因此，那些不能正确实施电子商务、不能有效进行组织变革的企业将失去一次极好的发展机会，而且更为严重的是，企业的竞争对手将利用这次机会击败它。因此，企业必须深刻理解电子商务给行业及其企业所带来的变化，适时进行战略性调整，加快利用互联网信息技术进行技术和商业模式创新的步伐。

1.5.3 合作竞争与价值网

波特的五力模型是一种行业分析框架。勃兰登堡（Adam M. Bradeburger）和巴厘·奈尔巴夫（Barry J. Nalebuff）在其合著的《合作竞争》（Co-opetition）一书中指出了该框架的不足。波特趋向于把其他的企业，不论他们是竞争者、供应商还是购买商，都看成是对其利润的一种威胁。勃兰登堡和奈尔巴夫认为，企业间相互作用有时可能会增加利润，波特忽略了这些积极的作用，而这正是他们所强调的。积极互动作用的情形包括下面几种：

（1）竞争者为制定便于行业发展的技术标准所付出的努力。

（2）竞争者为鼓励制定优惠规定和立法所付出的努力。

（3）企业和其供应商为提高产品质量、刺激需求所进行的合作。

（4）企业与供应商为提高生产效率所进行的合作。

为支持这些观点，勃兰登堡和奈尔巴夫引入了与波特的五力概念相对应的价值网概念。和五力概念相似，价值网是由供应商、客户、竞争者和互补者（生产互补产品或提供互补服务的企业）组成的，如图 1-5 所示。五力分析主要评估对利润的威胁，而价值网分析评估的则是机会。一个完整的五力分析应该既要考虑每个力量面临的威胁，也要看到面对的机会。

```
          客户
           |
竞争者 —— 企业 —— 互补者
           |
         供应商
```

图 1-5　价值网模型

资料来源：Bradeburger A. M., Nalebuff B. J.. Co-opetition. New York：Currency Doubleday, 1997.

1.6　资源与能力

资源的定义范围比较广，它是企业永久或半永久拥有的、有形或无形资产的总称。我们可以看到，资源有时并不一定反映在资产负债表上。

一般来说，可以将资源分成以下四类：

实物资源：如机器、建筑或者生产设备。这类资源的特点（如年限、状态、功能和地理位置等）决定了资源的用途。

人力资源：包括知识、人的技能和适应能力。这既包括组织员工，也包括组织网络中的其他人。在知识经济社会中，人才确实真正变成了最有价值的资产；但是，若使其成为竞争优势，需要将人力资源战略和组织的整体业务战略很好地结合起来。

财务资源：比如资本、现金、债权债务、出资人（股东、银行等）。

智力资本：包括专利、商标、业务系统、客户数据库，以及与合作伙伴的关系等。

对于任何细分市场中的组织来说，都需要具备一定的最低限度资源，如表1-7所示。但是，随着时间的推移，因为竞争对手的行为或新进入者的竞争，这些基本要求在不断提高。因此，即使仅仅为了继续生存，组织也需要不断地夯实自己的资源基础。在有些行业或者部门，随着竞争的不断深入，对资源的要求也越来越高，这种资源门槛使得一些组织无法企及，也就逐渐被淘汰。

表1-7 资源、能力与竞争优势

	与竞争者相同或者易于模仿	优于竞争者且难以模仿
资源	基本资源	独特资源
能力	基本能力	核心能力

资料来源：Johnson G., Whittington R., Scholes K., Angwin D., Regner P.. Exploring Strategy: Text & Cases. 10th edition. Finance Times/Pentice Hall, 2013.

组织满足某个特定细分市场上成功关键因素要求的能力取决于自身的独特资源。独特资源（unique resource）就是那些对组织的竞争优势有着至关重要影响的资源。独特资源优于竞争对手的资源，且难以模仿。经济学家将这种优势产生的收益称为经济收益（租金）。采矿组织可能拥有一些有特殊矿藏的地面矿，但是矿藏终将耗尽；从事服务业的公司的独特资源可能是一些特别优秀的员工（如外科医生、教师或者律师），但是，这些人员可能会辞职或被竞争对手挖走。如果试图单纯依靠独特资源来维持长期竞争优势，将是非常困难的。

同一市场上不同组织间的业绩差异很难用他们在资源基础上的差异来解释，因为资源通常是可以模仿或者交易的。优异的业绩取决于可以创造组织能力的组织资源在各项活动中的匹配方式。例如，员工个人掌握的知识并不能帮助组织提高业绩，除非他被"指派"（或者允许）去做某项可以发挥个人知识的具体工作；或者更重要的是其他同时能够分享并发扬他的知识。业绩还受到将组织内部和外部不同领域的活动和知识联系起来的流程的影响。尽管所有与组织的产品和服务相关的活动和流程都必须达到一定的最低限能力，但是只有一部分活动和流程可能发展成为核心能力。核心能力（core competence）就是对形成组织竞争优势发挥关键作用的活动或流程。核心能力帮助组织创造并保持优于竞争对手的、能够更好地满足特定客户群对成功关键因素要求的能力，而且该能力很难被模仿。

资源和能力的优势或劣势可以通过询问企业所从事的商务活动的四个问题，即价值问题、稀缺性问题、不可模仿性问题，以及组织问题进行分析（见表1-8）。

表1-8　企业内部优势和劣势的资源基础问题分析

问　　题	问题描述
价值问题	企业的资源或能力是否能够使企业对环境机遇或威胁作出反应？
稀缺性问题	这些资源当前是否仅为少数企业所控制？
不可模仿性问题	没有这些资源的企业在获得或者研制这些资源时是否面临着成本劣势？
组织问题	其他企业政策和程序也是支持利用企业有价值的、稀缺的、仿制成本高的资源而组织的吗？

资料来源：Barney J. B.. Gaining and Sustaining Competitive Advantage. 2nd edition. Upper Saddle River, N. J: Prentice Hall, 2002.

价值问题、稀缺性问题、不可模仿性问题以及组织问题放在一起，可以形成一个理解与利用企业的任何资源和能力相关的回报潜力的框架。表1-9形成了这一框架。表1-10展示了VRIO框架与优势和劣势框架的关系。

表1-9 VRIO框架

资源或能力				竞争含义	经济绩效
是否有价值?	是否稀缺?	模仿成本是否高?	组织是否应用了?		
否	—	—	否	竞争劣势	低于正常
是	否	—	↕	对等竞争	正常
是	是	否	↕	暂时的竞争优势	高于正常
是	是	是	是	可维持的竞争优势	高于正常

资料来源：Barney J. B.. Gaining and Sustaining Competitive Advantage. 2nd edition. Upper Saddle River, N.J: Prentice Hall, 2002.

表1-10 VIRO框架与优势和劣势框架的关系

资源或能力				优势或劣势
是否有价值?	是否稀缺?	模仿成本是否高?	组织是否应用了?	
否	—	—	否	劣势
是	否	—	↕	优势
是	是	否	↕	优势并且是与众不同的竞争力
是	是	是	是	优势并且是可以维持与众不同的竞争力

资料来源：Barney J. B.. Gaining and Sustaining Competitive Advantage. 2nd edition. Upper Saddle River, N.J: Prentice Hall, 2002.

1.7 国际竞争优势

在国际竞争中，母公司所在地是竞争优势最重要的来源。在母公司所在地所获得的资源及能力，使得公司能够快速地将战略在其他国家实施。波特所提出的"钻石模型"（diamond model）描述了国家或地区内企业在全球范围内取得竞争优势所必需的要素，如图1-6所示。

第1章 战略基础

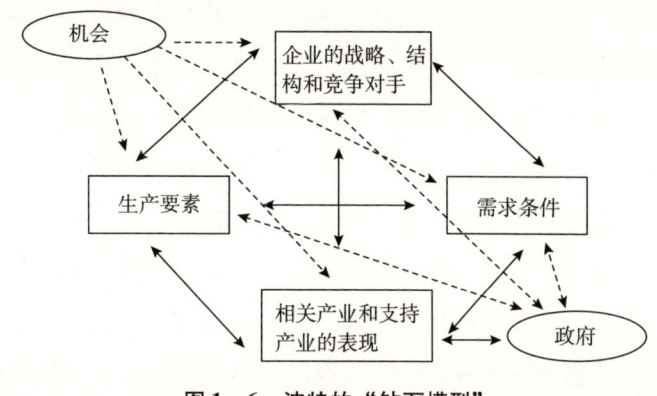

图1-6 波特的"钻石模型"

资料来源：Porter M. E.. The Competitive Advantage of Nations, New York: Free Press, 1990: 72.

"钻石模型"的第一个维度是生产要素，指的是任何行业要发展所必需的要素，如劳动力、土地、自然资源、资本和基础设施（如公路、邮政和通信系统）。它们可能是基本要素（例如自然和劳动力资源），也可能是高级要素（如数字通信系统和受过良好教育的劳动力）。其他生产要素是一般性的（高速公路系统和债务资本的供给）和特殊性的（特殊行业的熟练工人，如码头上处理大量化学制品的工人）。如果一个国家既有高级要素又有特殊性要素，那么在与本国市场上强大竞争对手的激烈竞争中获胜的企业，也很有可能在国际市场上获取胜利。

"钻石模型"的第二个维度是需求条件，即本国市场上购买者对产品或服务需求的特性和规模。如果某细分市场能够产生足够大的需求以实现规模效应，那么这种效应有利于在其他国家的市场上取得领先地位。特殊的需求可能创造超越国界的机会。例如，瑞士的公司能够长期在隧道装备行业占据领先地位，是由于瑞士本国在铁路和高速公路修建方面对穿凿山洞的大量需求。日本公司创造了一个小型静音空调的细分市场，也是因为日本家庭的屋子通常比较小而且相互靠得很近。

"钻石模型"的第三个维度是关联和辅助性行业。意大利鞋业正是由于关联和辅助性行业，才能成为世界鞋业的领先者，如强大的皮革处理业为制鞋业提供了必需的皮革。而且很多人专程到意大利购买皮革制品，从而促进了分销渠道的发展。皮革制造机械和设计业等支持行业也为制鞋业的成功提供了支持。事实上，设计服务行业还为许多其他相关行业提供支持，如滑雪靴、时装和家具等。在日本，照相机和复印机也是相互关联的行业。企业的战略、结构和竞争情况构成了波特模型最后一个维度，同时也是某些行业成长的动力。在不同的国家，企业的战略、结构和竞争情况区别很大。例如，由于德国具有完善的技术培训系统，因此对于产品制造方法和过程的改进非常重视。独特的合作和竞争体系促进了复杂组装操作的跨部门管理。在意大利，作为国家骄傲的优秀设计师促成了强大的赛车、时装和家具制造业。在美国，计算机软件设计商之间的激烈竞争促进了这些行业的发展。

"钻石模型"的四个维度强调了国家经济的环境和结构特征，正是这些特征带来国家竞争优势。政府的政策和制度能够强烈地影响本国企业在全球范围内的竞争能力。例如，空中客车是由多个欧洲国家共同组建的飞机制造企业，其目的是为了挑战美国飞机制造企业在市场上的主导地位。由于空中客车的发展受到了多个欧洲国家政府的支持，因此已经成为世界上最大的两家飞机制造企业之一。

尽管每家企业都尽最大努力在竞争中获胜，但并不是所有的企业都能够生存下来并成为国际竞争者，虽然那些失败的企业所拥有的条件和那些成功的企业相比也没什么区别。研究表明，随着企业持续成长并进入多国市场，母公司所在地对于企业的竞争优势越来越不重要。企业管理者所作出的实际的战略选择是企业成败的最主要因素。因此，只有当企业制定并有效实施了正确的战略，从而利用了不同国家的有利因素时，图1-6中所示的因素才会为企业带来竞争优势。因此，企业在以国际化视角分析企业竞争战略（例如，成本领先、差异化、集中成本领先、集中差异化和综合成本领先/差异化战略）时，必须考虑不同国家的特点。

由上述四项关键要素形成的"钻石模型"体系，关系到一个国家或地区的产业或产业环节能否成功。但是这并不意味只要是属于该国或该地区的企业就都能成功。事实上，即使在最有活力的国家或地区环境中，资源和技术也不是平均分配使用，部分企业的失败是必然的。然而一旦能够在一国之内脱颖而出，必然也会成为国际竞争中的赢家。钻石体系也是一个双向强化的系统。其中任何一项因素的效果必然影响到另一项的状态。以需求条件为例，除非竞争情形十分激烈，可以刺激企业有些反应，否则再有利的需求条件也不一定形成它的竞争优势。而当企业获得钻石体系中任何一项因素的优势时，也会帮助它创造或提升其他因素上的优势。

对于高度依赖天然资源或技术层次较低的产业而言，可能只需具备钻石体系中的两项因素就能得到竞争优势，但问题是，这样的优势通常会因产业的快速变化或其他国际竞争者的先发制人而无法持久。即使是由知识密集产业构成骨干的先进经济实体，也必须先贯通钻石体系内部各项因素，才能保有其竞争力。拥有钻石体系中的每一项优势，不必然等于拥有了国际竞争优势。要能将这些因素交错运用、形成企业自我强化的优势，才是国外竞争对手无法模仿或摧毁的。

在国家环境与企业竞争力的关系上，还有"机会"和"政府"两个变数。产业发展的机会通常要等基础发明、技术、战争、政治环境发展、国外市场需求等方面出现重大变革与突破。"机会"通常非企业、甚至政府所能控制的。这些"机会"因素可能调整产业结构，提供一国的企业超越另一国企业的机会，因此，机会条件在许多产业竞争优势上的影响力不容忽视。

构成整个竞争力拼图的最后一片是政府。各层次的政府部门在这方面的影响力，最容易看到的就是政策对钻石体系造成的作用。比方说，反托拉斯法有助于国内竞争对手的崛起、法规可能改变国内市场的需求情形、教育发展可以改变生产要素、政府的保护收购更可能刺激相关产业兴起等等。漠视经济政策对国家优势的影响，正如过度夸大或过度贬抑国家与企业的关系，是不切实际的。

  在"无疆界"的全球性竞争世界里，一方面，全球范围运作的跨国企业可以通过分布在世界各地员工分享和传递信息及知识。另一方面，实际距离可能对知识转化产生影响。就知识的隐含性特点来看，隐性知识必须在特定区域的场所"产生"并进行传递，此时，实际距离接近的重要性或在一个集群内"区位"优势得以凸显。关于知识的本质及隐性知识的含义，本书后续章节将进行详细论述。

第 2 章 知识管理

2.1 知 识

知识的概念是与事实、数据、信息等概念密切联系。因此，要理解知识的内涵，首先必须要搞清楚事实、数据和信息的概念。

现实世界的事实，指事情的真实情况，包括事物、事件、事态，即客观存在的一切物体与现象、社会上发生的不平常的事情和局势及情况的变异态势。

数据是指一系列的数字、图片、字母等，没有特定的环境。在组织中，数据通常指关于事实的结构化的记录，但数据本身不包含背景和目的。尽管决策的原材料包括了数据，它并不能告诉你怎么做。数据不能说明自己的重要性和相关性。

信息是编制好的数据、表格、销售统计、有意义的谈话等，有一定的环境。正如德鲁克所说，"信息是赋予了背景和目的的数据"。例如：编制好的某企业的财务统计数据、某城市的交通图、期刊中的某篇文章等。

与数据不同，信息有具体含义，即德鲁克所说的"背景"和"目标"。它不仅对接受者施加影响，而且是为一定的目标而组织起来的。当给数据产生源赋予一定意义后数据就变成了信息，我们可以以各种方式通过增加价值来把数据变成信息。

信息只说明某些行动的效果,但并没有告诉未来面对类似的情况如何行动。信息只有转化为指导未来行动的架构、原则或指南,才能称之为知识。按照托马斯·达文波特(Thomas H. Davenport)的定义,知识是"一种包含了结构化的经验、价值观、关联信息以及专家的见解等要素流动态的混合物。它起源于认识者的思想,并对认识者的思想起作用。在组织内,知识不仅存在于文档和数据库中,而且嵌入在组织的日常工作、过程、实践和规范中"。这种定义首先阐明的是:知识不是单一的,它是各种元素的混合物;它既是流动的又是结构化的;它是直觉的,所以难以言传、难以用逻辑的语言完全表述。知识既可看作过程也可看作存量。

当知识通过直觉、发现、推论、评价、综合、抽象等激发会上升为智慧。智慧是知道应该用何种知识解决某一问题的知识,即"知识的知识"。智慧是一种激活了的知识,主要表现为收集、加工、应用、传播信息和知识的能力,以及对事物发展的前瞻性看法,智慧得益于人的内在价值观和信仰。

事实、数据、信息、知识与智慧,构成了由低到高、由浅入深、由易到难的序列,它们之间的关系如图2-1所示。

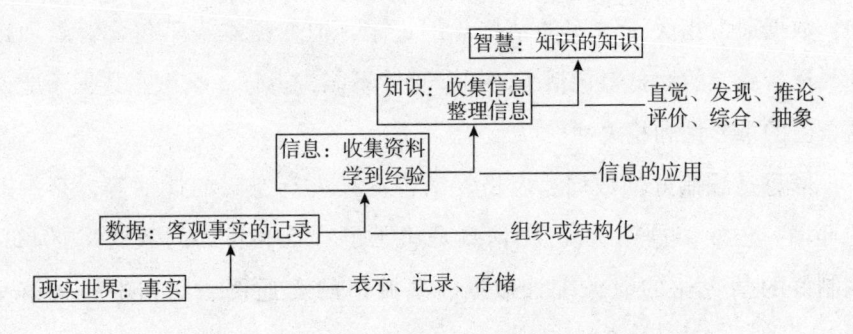

图2-1 事实、数据、信息、知识与智慧之间的关系

互联网时代,大数据已经和物质资源、人力资源一样成为重要战略资源,影响着经济社会各领域。大数据巨大的经济利益驱使企业开始重点关注数据资源,企业通过有效管理和适当应用数据支持商业决策,从数据中

提取所需的知识，获取洞见和行动智慧，并创造、管理和治理一种支持知识驱动组织的新型商业模式（Andrew，Erik，2012）。大数据是海量、高增长率和多样化的信息资产，需要新的处理模式促成更强的决策力、洞察力和优化处理能力。"大数据"具有数据体量巨大（Volume）、数据类型繁多（Variety）、产生速度快（Velocity）、价值密度低（Veracity）、总体商业价值高（Value）的 5V 特征。大数据的思维变革将以全新的视角诠释量变引起质变，将更加关注事物之间的相关关系而非仅仅因果关系，冲击乃至颠覆传统的思维模式，甚至会对学术研究的基本方法产生影响。

对于知识的分类众说纷纭，大致可以从以下几个方面进行分类。

（1）从知识的管理形式来看，可以将知识分成显性和隐性知识。显性知识可以被准确地加以描述，并可以编码化于组织的程序、政策、手册和计划之中。隐性知识来源于经验，不能被明确地加以描述，是一种潜意识的理解和应用。它涉及个人的经验、信念、观点和价值，存在于专家的技能之中和员工的头脑之中，被广泛接受但却不能编码化于组织实践之中。不过，二者之间并无明确区分，在一定条件下还可以实现相互转化。尤其是在一些高技术行业，隐性知识向显性知识的转化已经成为企业的一种两难选择。

（2）从知识的编码格式化角度看，可以把知识分为可编码和不可编码的知识。显性知识可编码，隐性知识不可编码，由于知识只有被编码格式化后才方便地为他人所共享，因此企业必须尽可能地实现隐性知识向显性知识的转化。然而，这种转化过程并非易事。

（3）从思维形式上看，知识可分为有意识知识和无意识知识。显性知识一般指有意识知识，而隐性知识大多为无意识知识，它们分别受控于有意识思维和无意识思维。按照哈尼施的观点，有意识和无意识思维之间的合作受到它们不同信息量的影响，有意识思维的信息量处理速度远远低于无意识思维。有意识思维信息处理量的局限性使有意识和无意识思维之间必须进行合作，以应付外部世界的复杂局面。我们可以把这种合作形式理解为：有意识思维每次只收集小块的信息，并且把它们合成越来越大的信息块，就像玩一个拼图游戏，逐步形成一幅外部世界的图画。基于这种了解或认识，人们发展了某种技能并组成他们的专门知识（know-how）。这种专门知识会使人们对所做之事不假思索或不予反应，人们的行动和行为会变得越来越无意识和习惯性。

（4）从传播形式上，知识可分为意会知识和言传知识。意会知识的一个特点就是它深藏于头脑中，知识的拥有者不能完全意识到它，因而难以用语言进行表达。如果某人想要描述或传达他的意会知识，其有意识思维的信息处理能力比无意识思维低得多，所以有意识思维永远不能用语言表达无意识思维所知道的一切。

（5）经济合作与发展组织（OECD）从知识性质的角度，将知识分为四类：①know-what 类，指关于事实方面的知识，这里，知识类似于通常称之为信息的东西。②know-why 类，指自然原理和规律方面的科学理论。此类知识在多数产业中支撑着技术的发展及产品和工艺的进步。③know-how 类，指做某些事情的技艺和能力。典型的 know-how 是企业发展和保存于其范围内的一类专门技术或诀窍。④know-who 类，涉及谁知道某些事和谁知道如何做某些事物的信息。know-what 和 know-why 两类知识属于显性知识，易于整理和进行计算机存储，可通过读书、听演讲和查看数据库而获得，对这类知识进行管理，要借助信息技术和通信基础设施来实现。而 know-how 和 know-who 两类知识则属于隐性知识，它们集中存储在人的脑海里，是一种经验的体现。知识管理的重点和难点在于对隐性知识的开发、共享，所以，知识管理是在信息管理的基础之上，将信息与信息、信息与人、信息与过程联系起来，使显性知识和隐性知识通过一定途径，变成为可共享的知识资源，在集体交流中，引导新技术、新概念、新理论等创新性知识的产生。

（6）按知识的重要性从低到高排列，知识可分为：①认识性知识，即知道是什么（know-what），如某省有多少人口？②高级技能、诀窍，即知道怎样做（know - how），能够较好完成一项任务的能力；③系统理解能力，即知道为什么（know - why），理解各个关键变量之间的相互关系和相互作用的程度；④有目标的创造力（care - why），联系两个或更多学科来创造全新功效的能力；⑤综合能力和经过训练得到的直觉能力（perceive how and why），理解或预见不可直接衡量的各种关系的能力。

（7）就知识在企业中的分布而言，可将知识划分为个人知识和组织知识两个层次。个人知识是存在于个人头脑中的，或表现为并属于个人技能方面的知识。它为个人所拥有，可以独立应用于特定任务或问题的解决，并随个体的转移而转移。组织知识是在组织成员中分布和共享的知识，它依存于组织的个体成员，代表着组织的记忆，储存在组织的规则、程序、惯例和共同的行为准则中，并随着组织成员的交互而处于流动状态。

不论是个人知识还是组织知识，都包含了显性知识和隐性知识两种类型。个人显性知识是可以"言传"的关于个人的技术、技巧和处世方法；个人隐性知识则是只能"意会"的技能、信念和处世态度。组织显性知识表现为组织的规章、制度、流程和技术，由于其编码方便、容易沟通，且易为竞争对手学到，因此组织显性知识无法形成企业竞争优势的主要方面；组织隐性知识表现为组织难以表述的技能、诀窍、经验、群体协作能力以及组织的心智模式、价值观和共同愿景，由于其不能编码或不易编码，交流、转化速度慢而成本则相对较高，因此组织隐性知识构成了企业核心能力的源泉，如图2-2所示。

知识性质		
	个人显性知识	组织显性知识
	个人隐性知识	组织隐性知识

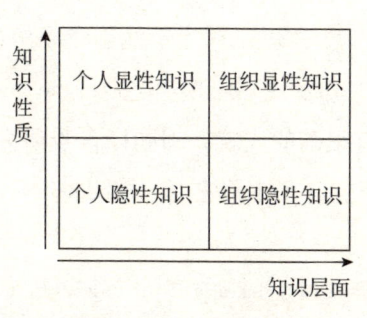

知识层面

图2-2 知识的分类

东西方对知识的不同见解[1]

野中郁茨郎（Ikujiro Nonaka）与竹内弘高（Hirotaka Takeuchi）密切合作，共同对知识进行研究。在加州大学举行的研讨会中，竹内弘高（Hirotaka Takeuchi）指出，由于东西方的文化差异，日本人与美国人的研究方法与经验有显著差异，因而对知识的理论与实务的看法有很大的差别。

在美国，大部分有关知识的作业都集中在收集、发布、重新利用与统计已编制好的知识与信息。知识的负责人经常注意信息技术，并借以收集及传播这种"显性知识"（explicit knowledge）。通常较注重在市场交易或知识网络合作方面能彼此互惠及获益。公司对"知识投资"（knowledge investment），会以其预期的经济回报作为评量该项投资是否可行的准绳。在日本，"知识创造"（knowledge creation）较受重视，特别强调要建立一些条件或环境，以利个别的知识所有人彼此能相互交换"隐性知识"（tacit knowledge）。日本人很重视这项有利新知识发展的"社会程序"（social process）。在一个群体或实验室中本着善意、互信、彼此关爱或抱持慷慨情怀，共同合作来开创知识。公司希望借"创新"（innovation）来强化其追求成功的长期能力，并以此来评量其知识管理之成败。

（1）笛卡尔与 Nishida 的哲学不同

为进一步厘清东西方对"知识"与更广泛的"人生存在价值"（human existence）的歧见，Nonaka 拿笛卡尔（René Descartes，1596～1650）与 Kitaro Nishida 两人的不同哲学来加以对照及比较。笛卡尔是法国的哲学家、物理学家与数学家。1637 年他创建了解析几何学（the science of analytical geometry），并发现几何光学法则（the laws of geometric optics）。他虽然在科学研究上有很高的成就，却同样喜爱研究哲学，是一位理想主义者（an idealist）。他建立了现代玄学（Modern Meta Physics），并拒斥自

---

[1] 本部分内容依据：Nonaka I., Takeuchi H.. The Knowledge - Creating Company: How Japanese Companies Create the Dynamics of Innovation. Oxford, UK: Oxford University Press, 1995. 并参考相关资料整理而成。

中世纪以来将亚里士多德哲学（Aristotelian Philosophy）与基督的启示（Christian revelation）相结合的欧洲传统思想哲学（Scholasticism）。他自创一套推理方法与哲学，被称为笛卡尔哲学（Cartesianism）。他于1637年的著作中表明，他完全放弃所有原先的信念，并凭自我所察觉到的生存事实（the fact of his self–conscious existence）来重建他自己所信得过之信念。他说："我疑，故我思；我思，故我在。"（I doubt, therefore I think；I think, therefore I am.）借着直觉（intuition）与推论（deduction），他揭示了他自己的存在的真理，并以存在论（或称本体论，the essence of things；the study of being）来解说神的存在（the ontological argument for the existence of God）。

（2）东方与西方对知识的想法不同

野中郁茨郎（Ikujiro Nonaka）认为，笛卡尔将个人视为他所处环境的局外人，个人站在环境之外来评论环境。相反地，日本哲学家Kitaro Nishida将个人视为他所处环境的局内人，认为人与环境是一体的。他主张："我爱，故我在。"（I love, therefore I am.）因此，应让许多个人齐聚一堂，生活在同一环境之中，透过"社会化"（socialization）过程，使大家能相互了解彼此的想法与感觉。大家应彼此互信，相亲相爱，且都须自我超越，以"大我"（the larger self）之无私与大爱，彼此相惜，而且毫无保留的相互交换"隐性知识"（tacit knowledge），要以真心彼此倾囊相授。大体上，日本人较注重"社会合作"（social cooperation），而美国人则较强调"竞争性个人主义"（competitive individualism）。从更大的层面上讲，东方人与西方人对知识看法的差异，可对照说明如下：

1）西方（美国）对知识的看法
- 注重显性知识（focus on explicit knowledge）
- 强调重复使用（re–use）
- 看重知识计划（knowledge projects）
- 重视知识市场（knowledge markets）
- 注重管理与衡量（management and measurement）

- 重视近期利益（near–term gains）

2）东方（日本）对知识的看法

- 注重隐性知识（focus on tacit knowledge）
- 强调创造（creation）
- 看重知识文化（knowledge cultures）
- 重视知识群体（knowledge communities）
- 注重培育与爱心（nurturing and love）
- 重视长期优势（long–term advantage）

东西方对知识的见解比较见表2–1。

表2–1 东西方对知识的见解比较

东方（日本）	西方
• 以集体为中心	• 以个体为中心
• 以隐性知识为导向	• 以显性知识为导向
• 以社会化和内在化见长	• 以外部化和综合化见长
• 重视经验	• 重视分析
• 有"群体思维"和"对过去成功的过度适应"的危险	• 有"分析瘫痪"之危险
• 模糊的组织意图	• 明确的组织意图
• 团组的自治	• 个体的自主性
• 通过任务重叠来激发混沌性创造思维	• 通过个体的差异来产生混沌性创造思维
• 来自高层管理者的频繁变动	• 来自高层管理者的变动不多
• 信息冗余	• 信息冗余程度低
• 通过跨职能团队获得必要多样性	• 通过个体之间的差异获得必要多样性

资料来源：Nonaka I., Takeuchi H.. The Knowledge–Creating Company: How Japanese Companies Create the Dynamics of Innovation. Oxford, UK: Oxford University Press, 1995: 199.

未来属于那些能够将东方与西方进行最佳结合,并且能够构造组织知识创造和创新的通用模型的企业。

2.2 知识管理

对于知识管理的定义,到目前为止,还没有一个明确的、得到公认的看法。不同的研究者从不同的研究角度、不同的侧面对知识管理的概念形成了不同的解释。表 2-2 列示了一些研究者对知识管理的定义和看法。

表 2-2 知识管理定义

研究者	定 义
Karl Wiig (1986)	知识管理是一个概念框架,这个框架包含了有关公司知识和它们的条件(特性)的所有的活动和视角
Karl E. Sverby (1990)	知识管理是利用组织的无形资产创造价值的艺术
Daniel E. O'Leary (1995)	知识管理是将组织可得到的各种来源的信息转化为知识,并将知识与人联系起来的过程
Andreas Abecker (1996)	知识管理是对企业知识的识别、获取、开发、分解、使用和存储
Graham & Pizzo (1996)	知识管理是一种能力,它平衡根植于头脑中原始材料的创造活动和将好主意转化为有价值商品的训练有素的贯彻执行活动
美国生产力和质量中心(APQC) (1997)	知识管理是组织一种有意识的战略,它保证能够在最需要的时间将最需要的知识传送给最需要的人。这样可以帮助人们共享信息,并进而将之通过不同的方式付诸实践,最终达到提高组织业绩的目的
P. Quitas (1997)	知识管理是一个管理各种知识的连续过程,以满足现在和将来出现的各种需要,确定和探索现有和获得的知识资产,开发新的机会。知识管理的目标包括六个方面:知识的发布,以使一个组织内的所有成员都能应用知识;确保已掌握知识在需要时是可得的;推进新知识的有效开发;支持从外部获取知识;确保已掌握知识、新知识在组织内的扩散;确保组织内部的人知道所需的知识在哪儿

续表

研究者	定 义
Bassi（1997）	知识管理是指为了增强组织的绩效而创造、获取和使用知识的过程
Verna Alee（1998）	知识管理帮助人们对拥有的知识进行反思，帮助发展支持人们进行知识交流的技术和企业内部结构，并帮助人们获得知识来源，促进他们之间进行知识的交流
Carl Frappuolp（1998）	知识管理就是运用集体的智慧提高应变和创新能力，是为企业实现显形知识和隐性知识共享提供新途径
T. H. Davenport（1998）	知识管理真正的显著方面分为两个重要类别，即知识的创造和知识的利用
Addleson（2000）	知识管理是在探讨组织和组织学习的关系。知识管理分为由人的互动、分享而产生的知识，以及经过信息技术而获取的知识。组织学习和知识管理事实上是相关联的。知识可分为两种：一种是可拥有、可量化、可存储、可处理、可传播的知识，在这种情况下为名词；而另一种知识为互动、分享和学习的认识过程，这时知识就成了动词 Knowing
Yogesh Malhotra（2001）	知识管理是在日益加剧的不连续的环境变化情况下服务于组织适应、生存和能力等关键问题的活动，它包括了信息技术处理数据与信息的能力以及人们创造和创新的能力有机结合的组织过程

资料来源：作者根据相关资料整理而成。

从表2-2可以看出，知识管理是一个内涵相当丰富的概念。综合上述看法，可以将知识管理定义为：知识管理就是将特定的专业技术人员、部门掌握的技术诀窍、业务数据或经验等知识经过收集和整理，形成企业中除了人、财、物三大要素之外的另一重要经营资源，让它被利用于企业管理的各个方面，为企业发展谋取利益。知识管理是一种推动知识资本增值的杠杆，着眼于有利于企业的经营决策，有利于员工个人、合作队伍、营业线组织以及包括合作伙伴在内的企业知识的获取、传递和使用。

与资本管理相比，知识管理的优势在于：资本管理盘活的主要是企业内部的资产，追求使有限的资本获得尽可能大的效益；知识管理讲究利用企业内外无限的知识资源，着眼点是在整个经济运行环境中如何搞好企业管理和经营，灵敏度高、适应性强，追求的是企业如何能够适应不断变化的环境获得持续的高增长、高收益。

知识管理不同于信息管理，信息管理主要侧重于信息的收集、检索、分类、存储和传输等，对信息管理的创新能力没有特殊要求。而知识管理是指导信息与信息、信息与人、信息与过程联系起来，以进行大量创新。正如美国莲花公司图文管理产品公司总经理斯科特·库柏所说，正是由于信息与人类认识能力的相结合才导致了知识的产生。它是一个运用信息创造某种行为对象的过程。这正是知识管理的目标。知识管理的实施在于建立激励员工参与知识共享的机制，设立知识主管，培养企业创新能力和集体创造力。

2.3 知识价值链模型

根据 Holsapple 等学者的研究，对核心能力起关键作用的知识管理活动分成两类：一类是知识管理的主要活动，包括知识的获取、知识的共享、知识的创新和知识的应用；另一类是知识管理的辅助活动，包括知识测评、知识控制、知识组织、知识技术、知识领导等。企业借助上述活动来实现知识的价值增值，因此将此描述性理论模型称为知识价值链模型，如图 2-3 所示。

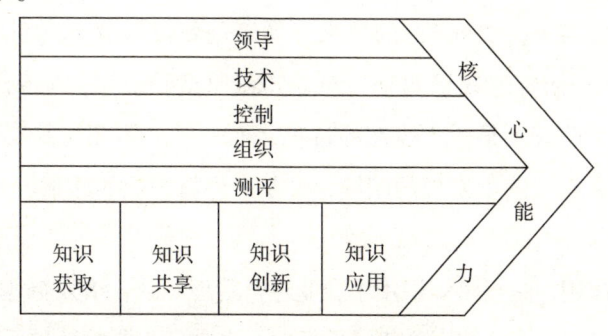

图 2-3 知识价值链模型

2.3.1 知识价值链的主要活动

知识价值链的主要活动，围绕着组织对知识资源的运作和处理过程展开，是组织知识创造价值的基本过程。

（1）知识获取

企业知识的获取，是指企业将外部环境中的知识转换到企业内部，能够为企业所用的管理过程，包括知识辨识、知识收集、知识整理、知识存储等阶段。它使得企业与外部知识环境形成动态沟通能力，是知识管理的前提和基础。

（2）知识共享

企业知识共享，是指企业通过各种交流方式，能够在最佳时机、最佳地点，以最合适的形式将最合适的知识传递给企业中最合适的成员的过程。这个过程类似于知识获取，只是针对的知识源泉不同，知识共享是针对组织内部业已存在的知识而进行的一系列搜索和获取应用的过程。知识共享本质上是知识在组织内部的不同主体之间的流动和传播的过程，如知识的挖掘、知识转移、知识集成等。

（3）知识创新

企业知识创新，是指企业在已有知识资源基础上开发、创造出新知识的过程。新的知识可能是一套新的知识体系或者新的思想方法，也可能只是一个新的概念。参照日本学者野中郁茨郎（Ikujiro Nonaka）和竹内弘高（Hirotaka Takeuchi）（1995）的研究，知识创新可以分为（日本学者分为五阶段）：知识萌芽、知识明晰、建立知识原型和知识的实践与修正四个阶段。这四个阶段不是一个线性的过程，而是一个循环往复、不断上升的过程，新知识在实践中发现的问题，又是产生新知识的源泉。

（4）知识应用

知识的应用，是指将知识用于企业经营管理实践，增强企业核心能力的过程。知识应用是企业知识价值链最后的、也是最重要的一项活动。知识应用之所以重要，因为它是企业的几种"流"或者是"链"的共同节点。

2.3.2 知识价值链的辅助活动

知识管理的辅助活动，是指不直接参与从知识的获取到知识的应用等基本知识运作过程，但是能对知识管理的主要活动起到支持、指导和规范作用的活动。虽然它们对企业核心能力的构建不产生直接的影响，但是它们是组织成功进行知识管理的必要条件。

(1) 测评

知识测评，是指组织对内部的知识资源以及自身开展知识管理活动状况进行测量和评价的活动。对知识的测评是知识链中各项主要活动得以进行的必要条件，而且也是知识链的其他各项辅助活动的基础，组织对企业内部以及知识管理状况的客观准确的测评，是企业进行知识控制、知识组织、知识领导的前提。

(2) 组织

知识的组织，是指在组织中形成一种机制，以贯彻和执行各种知识管理活动、激励知识工作者提高生产率、协调不同知识主体之间的各种知识管理活动、在组织中合理调配知识资源和其他资源，使得组织成为一个知识管理活动的有机整体。它包括对知识价值链主要活动的激励、协调、组织、合作和调节等活动。

(3) 控制

知识控制，是指组织在对知识进行准确测评的基础上，为了保证知识资源的质量和安全而采取的一系列的监督、控制、保护等措施和活动。知识控制主要包括两个方面的内容：一是组织知识的质量保证活动，二是组织知识保护、防止知识财富流失的活动。

(4) 技术

与知识管理有关的技术活动，是指企业为了保证知识管理的主要活动和其他辅助活动的正常展开而配置、开发、应用适当的技术和工具的一系列活动。

(5) 领导

知识领导,是指企业以适当的方式领导组织,将知识转化为实践的活动。领导的这种辅助活动,包括形成新型的领导观念和方式、制定组织知识管理战略、培养适应性的组织文化等几个方面。因此,知识的领导活动的主要目的,是为知识管理提供良好的运作环境和管理机制。

2.4 企业知识转化模式

2.4.1 不同类型知识的学习机制

就知识分布而言,知识既然存在于组织和个人两个层面,则企业中知识的学习也就发生于这两个层次,即个人学习和组织学习,但这两个层面学习的机制是存在差别的,如图2-4所示。显性知识通过个人学习和组织学习的方式都能够有效地增长。因为显性知识是可以编码的,可被充分描述的,因而也是可以被复制、模仿和转移的。个人显性知识的增长可以通过个体之间的交流和个体对组织显性知识的掌握来实现,表现为个人知识领域的拓展、技术理论的增加等;组织显性知识的增长可以通过组织中个人显性知识的传播、共享和组织间显性知识的交流、模仿,表现为组织制度的借鉴、外部技术的引入等。通常把显性知识的增长称为"学中学(learning by learning)"的过程。隐性知识的增长方式在个人和组织两个层面上则有所不同。概括起来说,个人显性知识的增加可以直接通过个人学习获得;组织隐性知识的增长则必须经由组织中的个人学习作为媒介来获得。个人隐性知识的学习可以通过员工与企业内外个人的长期合作,相互切磋,潜移默化地习得或传承,把这个过程称为"干中学"或"边干边学(learning by doing)"。而组织作为一个群体的结合,往往表现出许多非人格化的方面,组织隐性知识是依存于组织成员隐性知识之上的,且获得完全有赖于个人隐性知识的共享。作为一种共有的记忆，组织隐性知识的形成完全是组织中个体成员交互作用的结果。虽然通过借用"外脑"、购买技术诀窍、引进先进工艺、交流管理经验等方式，组织可以从外部设法引入某些隐性知识，但引入不等于吸收，更不等于转化。只有将这些外部隐性知识吸收到组织的运作中来，并转化为与组织以往运作知识相匹配的形式，组织才真正增加了自己的隐性知识。而吸收和转化的工作则是通过组织中成员个体分散完成的。只有通过成员的个人、学习和组织共享，外部隐性知识才能根植于组织的记忆之中。

图 2-4　知识的学习机制

2.4.2　企业知识转化模型

野中郁茨郎于1994年完成的《智力经营》，以及1995年与竹内弘高（Hirotaka Takeuchi）合著的《知识创造企业》等一系列成果中，提出了企业知识转化模型。在此之前，人类关于知识创造与传播的大部分讨论，主要是针对个人而言。而野中郁茨郎（Ikujiro Nonaka）通过对日本成功企业的精心研究，第一次把知识的定语从"个人"换为"企业"，深入探讨了通过企业内部的知识创造与变换，把企业员工个人知识转变成企业潜在竞争能力的内在机理。并在此基础上提出了一种全新的组织观念，即"组织是为了把员工的知识由组织所共享和扩散，并创造出由组织所拥有的新知识而组建的"。

野中郁茨郎（Ikujiro Nonaka）认为，组织知识可以通过隐性知识和显性知识的交互而创造，并依据交互的四种模式，即社会化（socialization）、外部化（externalization）、综合化（combination）和内在化（internalization）提出了 SECI 模型（见图 2-5）。

图 2-5　知识创造的四种模式

资料来源：Nonaka I., Toyama R., Konno N.. SECI, Ba and leadership, a unified model of dynamic knowledge creation. Long Range Planning, 2000, vol. 33: 12.

模式一：社会化——从隐性知识到隐性知识。这是一种个体或团体共享隐性知识的过程。社会化这一术语强调隐性知识的交流是通过共同活动来进行的。例如，企业中采用的师徒模式，不仅是传授含有大量隐性成分的技艺和技能的常规方法，而且是新员工完成进入组织的社会化过程的重要阶段；另外，销售人员通过接触顾客可以感悟顾客的需求；管理者在现场通过"走动管理"便能察觉到员工的心理等情形，都属于这一类。其主要特点是需要人们极力动用所有感官，通过观察、体验、模仿等感性经验交流，而不是靠言语和文字交流来转换难以用语言表达的知识。在这种情况下，言传身教、团队的共同体验，以及亲密、和谐、相互关心的组织氛围和文化，都是保证个体间隐性知识有效交流的条件。

模式二：外部化——从隐性知识中获得显性知识。这是将隐性知识转换为显性知识的过程，也是在个人和团体的隐性知识得到共享和集成的基础上创造出可理解形式的新知识的过程。它既包括组织内个体隐性知识的外部化，也包括将组织外，如消费者和专家的隐性知识转译为组织易于理解形式等情况。例如，企业领导者将企业内长期形成的经营哲学和经营理念进行文字化梳理；科研人员把自己最新产品开发的构思通过言语和图形的形式表达出来；营销人员在科研报告中具体描述顾客的潜在需求等。

模式三：综合化——从显性知识中获得显性知识。这是一种将显性知识转化为更为复杂的系统的显性知识的过程。例如，个人和团队利用语言、文件、设计图、数据库、电子邮件等媒介，通过分类、加工、组合和编辑等工作将已有的各种知识加以综合以创造新知识的过程。在这个阶段，关键问题是知识的沟通以及知识系统化过程。在实践中，综合化阶段依赖三个过程：首先，捕捉和整合新的显性知识，包括从组织的内部和外部收集已经外部化的知识；其次，直接通过（诸如演讲、会议等）传播显性知识，使新知识在组织成员中传播；最后，编辑和加工显性知识（如形成报告、计划、市场数据等），使其变得更为可用。经过这三个过程以后，显性知识变成了一种运作型知识。

模式四：内在化——从显性知识中获得隐性知识。这是一种将新知识（显性知识）转化为组织的隐性知识的过程。这个过程常常在"干中学"（Learning by doing）中完成。内在化意味着要通过行动和实践来具体体现组织获取的显性知识。通过社会化、外部化、综合化获得的知识，只有当被内化成个人的隐性知识，形成一种共享的心智模式和技能诀窍时，才会变成组织有价值的知识资产。为了实现组织的理念和战略，或是为了交流关于创新的信息和思想，组织常常会通过"在职培训"等手段进行组织知识的内部消化和吸收。但是要获得这些实际经验耗时甚长，而且代价高昂。因此，常常通过各种各样的模拟或实验来加快组织的知识内化过程。

迄今为止，SECI 模型堪称对企业知识生产过程最为详尽的解释，其理论价值表现在：

（1）树立了一个知识自我演进的知识螺旋，并把知识的自我生成系统化为"隐性—隐性""隐性—显性""显性—显性""显性—隐性"四个子系统，将混沌的企业内部知识转化过程梳理出了一个清晰的眉目，使管理者能够方便地觉察到企业内部所进行的知识演化过程。

（2）在 SECI 模型中引入"场"这一概念（见图 2-5），提出了连接着时间与空间的知识创造场所。"场"源自于日语中的哲学词汇，它既可以指物理的场所，如办公室、商务会所等；也可以指虚拟的场所，如电子邮件、电话会议等；还可以指精神场所，如共享经历、观念和理想；它甚至还可以指某种人际关系或人们之间的共同目标等。野中郁茨郎（Ikujiro

Nonaka）根据知识转化的四种模式，将"场"分为源发场、互动场、网络场和训练场四个部分，并指出理解"场"这一概念的关键在于抓住在"场"中的知识创造是通过人与人或人与环境相互作用而产生的，这就为知识创新管理提供了一个"具有抽象意义的具体平台"。

（3）以 SECI 四个阶段为依据，提供了一个知识管理的有效工具。野中郁茨郎（Ikujiro Nonaka）指出，在知识转化的几个阶段运用不同的策略加速知识转化的进程就可以提高企业的经营绩效。如在"社会化"阶段提倡"走动"学习；在"外部化"阶段促进"对话"交流；在"综合化"阶段收集、传播、编辑知识，以及在"内在化"阶段进行实践、交流。

上述 SECI 模型对企业内部的知识转化具有很强的解释力，但这一理论对企业外部知识的输入没有给予考虑。在现实中，企业作为社会系统中的生物有机体，外部知识的输入是不容忽视的。依据二分法，可将外部知识分为外部个人显性知识、外部个人隐性知识、外部组织显性知识和外部组织隐性知识。显性知识可直接为个人或组织习得；而组织隐性知识则须由组织成员的分散学习、集中共享来掌握。因此，企业外部知识虽划分为四种类型，但其输入组织的方式却仅有三种：外部个人或组织隐性知识的社会化、外部个人显性知识的直接引入和外部组织显性知识的直接引入，如图 2-6 所示。

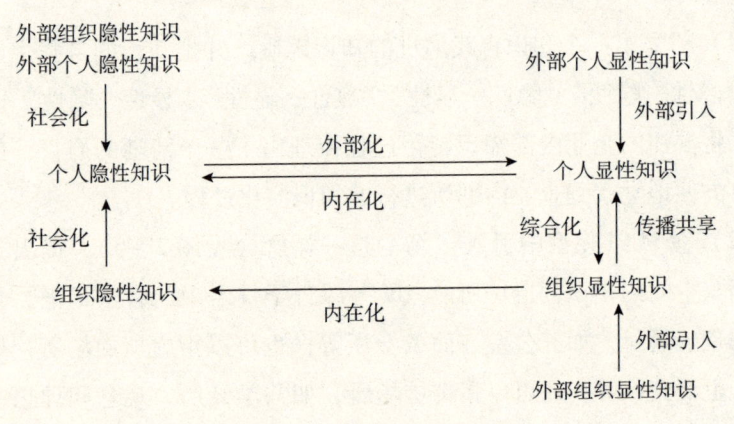

图 2-6　SECI 模型的扩展

(1) 外部个人或组织隐性知识的社会化

也许野中郁茨郎（Ikujiro Nonaka）意识到了隐性知识的转移必须是经由个体层面，但企业成员向外部个人学习隐性知识的过程在 SECI 模型中并未明确表示出来。个体的技能、行为方式、处世理念的确必须通过共同的经历，通过长期的观察、模仿和练习才能有所收获，但野中郁茨郎（Ikujiro Nonaka）忽视了一个现象，即在知识性战略联盟这一组织模式中，共享资源、共摊费用、共担风险只是联盟建立的表象，而通过联盟运作从联盟伙伴那里学习其成功的隐性知识因素才是联盟出现的实质。派驻人员的目的是在合伙过程中学习对方组织的隐性知识，并在一定时期之后，将其带回母公司，以期通过 SECI 的全过程转化为本企业的隐性知识。这样，通过组织内个体隐性知识的增加，企业获得了外部组织的隐性知识。

(2) 外部个人显性知识的输入与转化

个人显性知识是个体拥有的、可明确编码的、易于描述和传达的相关技巧、理论和概念性知识。在组织内外，其转移过程并无实质性的差别，都可通过培训、在线学习等方式进行。

(3) 外部组织显性知识的输入和转化

组织的显性知识是组织拥有的、易于文本化的、可传输和转移的相关规章、制度、组织结构和操作流程。外部组织显性知识的输入与转化集中表现在企业的信息收集、处理、传播等过程之中。首先，企业应有完善的信息收集系统，收集的对象包括外部的客户、供应商、协作单位和竞争对手；收集的方式是多渠道的、持续的、广泛的；收集的内容是关于经济状况、新技术、客户需求、竞争态势等信息。其次要对所收集的信息进行处理，以分析出对企业真正有价值的信息，剔除失真的或冗余的信息。信息处理的目的是能够使信息有目的地传播，使组织的显性知识为组织成员所共享，转化为个人的显性知识。然后，个人对从组织那里获得的显性知识，基于自己的专业领域和经验进行解释，将新获得的显性知识内在化为个人隐性知识，与过去的知识融会贯通。至此，外部组织的显性知识就转化为内部个人的隐性知识，在经过 SECI 的过程，外部组织显性知识将最终增加企业的整体知识存量。

由以上可以看出，在引入外部知识输入这一因素后，企业知识的转化与创新链条被延长了，其完整的过程包含了外部引入（introduction）、传播共享（dissemination）、解释内化（explanation）、社会化（socialization）、外部化（externalization）、综合化（combination）和内在化（internalization）这七个阶段。在这一过程中，知识转化与创新过程可开始于"内部个人隐性—内部个人隐性""外部个人隐性—内部个人隐性""外部个人显性—内部个人显性""外部组织显性—内部组织显性"这四个阶段中的任何一个，它取决于知识的不同来源。

2.4.3　企业知识转化的实现条件

由以上分析可知，企业中知识的创造与转化是以显性知识与隐性知识动态交互作用的形式存在，知识积累呈现出螺旋上升的模式。企业知识管理着眼点就是促使这一过程与增加企业价值的目标联系在一起，研究促进有效地知识转化的实现条件。其中，外部化和内在化在知识的螺旋运动过程中是两个关键的步骤，这是因为两者都需要员工自身积极参与——个人的献身精神。

进一步推展，除了员工积极参与之外，员工的能力、认同感、团队协作技巧、企业文化等因素，都是影响企业知识转化效率的重要方面。

野中郁茨郎（Ikujiro Nonaka）系统地论述了作为知识管理空间的"场"理论，知识在"场"中产生，因此，知识管理也在"场"中进行。野中郁茨郎（Ikujiro Nonaka）提出的四种"场"（ba）与知识转化的四种模式相对应（见图 2-5），分述如下。

（1）源发场（Originating Ba）。对应于知识转化的社会化阶段，是知识创新与转化起点。它是这样一种空间：在那里个体的自我与他人之间的障碍被消除，人们共享有关感觉、情绪、经验和心智的隐性知识；社会化鼓励人们共享和探索各自独有的知识，通过面对面的接触，实现隐性知识到隐性知识的转化。

组织对源发场的管理是间接的，主要是提供可能触发源发场的条件。从组织实践上可以集中于两个方面：其一是组织的文化的建设，通过建立组织内部的共有价值体系，通过成员的组织社会化（如上岗引导培训）过程，塑造一种共有的知识愿景（knowledge vision）；其二是开放的组织设计，组织中各部门间破除条块分割的壁垒，组织与外界建立友好的界面，为个体之间（如不同部门的成员之间，组织成员与外部顾客之间）的沟通和交流建立良好的基础。

（2）互动场（Interacting Ba）。对应于知识转化外部化阶段。它是这样一种场：在这里隐性知识变得逐渐显性化，个体之间通过相互探讨和分析达到对事物的共同理解。相对于源发场而言，互动场是组织可以有意识、较为直接管理的场，这种管理主要体现在对团队和项目小组的管理上。通过选择适当的具有特定知识和能力的人组成项目团队、任务小组、功能交叉团队，由这样一群个体提供一个知识交流的场所。通过交流和对话，个体心智模式和技能转化为团队共同的术语和概念，个体享有了他人的心智模式，同时也触发个体心智模式的反思和分析。3M公司以产品创新著称，它建立了很多这样的团队，公司规定：不得抹杀任何一个新产品意念。这样，公司就为成员共同参加有意义、有价值的创造和知识的沟通、对话建立了一个良好的互动场。

（3）网络场（Cyber Ba）。对应于知识转化综合化阶段。它是一种由虚拟世界代替真实时空的场。在这里，新的显性知识与已有的显性知识联结，并被组合、储存、由组织中的全体成员共享。这是信息技术——管理信息系统、决策支持系统、数据库、英特网大显身手的领域。显性知识的综合化，能够有效地支持人们在合作的环境下运用信息技术。网络经济时代为组织运用信息技术提供了空前广阔的空间。

（4）训练场（Exercising Ba）。对应于知识转化内在化阶段。训练场促进显性知识转化为组织的隐性知识,从而使组织具有自身独特的性质。每个强大组织的核心能力之所以难以仿效和学习,正是因为它所具有的隐性成分。组织需要通过培训将显性知识传递给成员,但是常规的学习过程(如课堂学习)只能传授其他组织也同样可以获得的知识。因此,知识内在化的培训特别注重通过在职培训进行持续自我强化的学习、岗位轮换和积极参与;对于显性知识的实际运用可以不断强化知识的内在化过程,使显性知识增加隐性的成分。

2.4.4 知识场的转换:案例分析(Cases in the Transformation of Ba)[1]

为了创造知识,公司在组织设计(organizational design)方面,应重视"场"(ba)所扮演之重要角色。因此,公司该如何去创建场,以确保组织内部的各个场能持续的转换,以利知识之创造、传播及利用,值得重视。兹将日本夏普(Sharp)、东芝(Toshiba)、前川(Mayekawa)三家公司建造"场"(ba)的三个个案分别说明如下:

案例一:夏普(Sharp):建立各种专案小组(Project Teams),作为知识创造的场所

夏普利用各种"紧急专案"(Urgent Projects)来处理公司重大的科技或产品之策略性发展计划,结果相当良好。由公司中层主管所领导的各个"紧急计划小组"(the Urgent Project Teams)可获得公司总部全力的经费支持,而且可优先使用所有公司资源,并可动用各部门优秀的相关人才,在如此优越的条件下,必须在18个月内完成其计划。每项专案计划事先须经公司最高层的研发决策会议——"技术审议会"(the General Technological Conference),审查通过。

为了解消费者之需要及价值,公司另设有"创造性生活方式研究中

---

[1] 该部分案例是作者根据相关资料整理而成。

心"(the Creative Lifestyle Focus Center),并建立各种系统来创建"新产品概念"(new product concepts)。例如,夏普公司于1985年首创"趋势领袖系统"(the "Trend Leader System")。选取600名各类的外界人士,包括中学生,已婚上班妇女,以及70多岁的老人等,组成具有指标性的"领先消费者"(leading consumers)。公司让这些人集聚在一起,进行面对面的交谈及互动,可产生大量高品质的隐性与显性知识,并据以预测今后一至十年内的消费趋势。

案例二:东芝(Toshiba):创建"高阶策略部",让公司变得更机灵

东芝传统上是一家很注重阶层企业制度(the hierarchical business system)的公司,主要的事业部门(Business Divisions)包括:(1)资讯与资讯系统,(2)消费性产品,(3)电力与工业系统,(4)零组件。为了知识创造,公司特别增设了一个跟各事业部门同等级的"高阶策略部"(ADI Group;负责 Advanced I Strategy)。高阶策略部(ADI Business Group)的宗旨是将公司的核心技术或知识(core technologies;knowledge)有效的移转至新事业单位(new businesses),并使公司在管理方面能强化"创新"(innovation)、"挑战"(challenge)与"速度"(speed)等观念。它的任务则是为公司在互动多媒体领域(interactive multimedia field)提供新市场与新的商业机会,主要重点包括无线通信基础设施(wireless communication infrastructure)、数位广播(digital broadcasting)、互动电视(interactive TV)、网路用具(internet appliances)与 DVD 等。

东芝新近上任的总经理深信,该公司今后应积极转型及演变成一家很机灵的公司(an "agile" company)。因此,特别重视在传统的公司结构中增设"高阶策略部"(ADI Group),以建造一个创造知识的场所(ba)。为了创造及发展知识,该事业部采取下列四项"关键策略"(key strategies):

(1)强化对速度与机敏之意识(to intensify the sense of speed and agility);(2)改变对会计年度之思考态度,要有急迫感(to change the fiscal period mind set);(3)创造一个无界线的作业伙伴关系,破除本位主义(to create

企业核心能力 战略

a boundaryless operation – partnership）；（4）适时投资，以利尽早在新兴市场占有一席之地（to invest to get an early foothold in emerging markets）。

"高阶策略部"（ADI Group）采用扁平化而富弹性的组织结构。在公司高层强力支持下，它能跨越公司的各事业部门，积极促进知识交流，而且能独立自主的运作。由该部与其他事业部所选出的"关键技术经理"（key technology managers）通常每两周聚会一次，以加速核心技术的交流与决策程序。公司各专业部门须拨出0.5%的销售额来支持"高阶策略部"。该部一年的预算经费约为300亿日元，相当充裕，因而可放手去创造知识与技术。

案例三：前川（Mayekawa）：亲近顾客

前川制作所创立于1924年，为生产工业用冷冻装置（industrial freezers）的杰出企业，以"MYCOM"品牌闻名。在日本所有的工业冷冻器出口中，前川有90%的占有率，在世界市场则有50%的占有率。

前川企业集团有独特的管理制度。它在日本总共拥有80家独立的公司，在外国则另有23家独立的公司，整个集团合计约有2500名员工。每家小公司按产品、核心技术与市场类型而分别设立，必须自给自足，而且须有自己是构成整个事业集团的一分子的意识，因而彰显了前川制作所特异的企业文化。

前川的整个企业集团十分重视"亲近顾客"（a closeness to customers）。公司总经理Masao Mayekawa再三强调，公司员工必须走进现实世界中，跟顾客打成一片，感同身受，使彼此间毫无距离，主客双方要形成一体，以便了解顾客的需要。

为创造知识，"场的概念"（the concept of ba）弥漫在整个前川制作所。无论个人、团队。个别公司与整个集团都很注重知识创造与流传的各类场所，以利公司在事业上或市场上能不断的成长与创新。公司不可有先入为主的成见，必须密切掌握顾客的感觉与想法，且应格外重视隐性知识与新知识的创造。

从上述三家日本企业的个案情况可知，夏普、东芝与前川三家公司都很重视知识的创造，并且很强调知识创造的场（ba）。因此，这些公司的主管们都很注重空间的设计，积极介入知识创造场所的营建，以便使公司拥有知识创造与传播的动态性场所。然而，在实施策略方面，因各公司目标、条件与情况不同，各公司在营建知识创造场所的实际做法上彼此间则有很大差异。

第 3 章 核心能力

3.1 企业核心能力及其特征

企业核心能力（core competence）又称核心竞争力，[1] 最初是由普拉哈拉德（C. K. Prahalad）和哈默尔（G. Hamel）于 1990 年首先明确提出的。核心能力一经提出就成为学术界和企业界关注的热点。表 3-1 列示了一些研究者对核心能力的定义和界定。

表 3-1 核心能力的界定

研究者	定义和界定
C. K. Prahalad & G. Hamel（1990）	核心能力是"组织中的积累性知识，特别是关于如何协调不同生产技能和有机结合多种技能的知识"
Jay B. Barney（1991）	企业的核心能力要成为持续竞争优势的源泉应当满足四个条件，即应当是有价值的、应当是异质的、应当是不能完全模仿的、应当是很难被替代的

---

[1] "Competence"和"Capability"均可译为能力，但"Competence"更多译为"竞争力"。考虑"核心能力战略"（core competence – based strategy）在企业战略领域广为流传，所以本书中较多采用"能力"的说法。普拉哈拉德和哈默尔（1990）将核心能力（core competence）定义为企业内基于多样化产品线的核心技术和生产能力，更多强调价值链中关键环节的技术和生产技能，而斯托克等（1992）对能力（capability）的定义则采用了较宽泛的技能基础观点，强调包括整个价值链在内的核心业务过程能力。

续表

研究者	定义和界定
Meye & Utterback（1992）	企业核心能力是指企业的研究开发能力、生产制造能力和市场营销能力，核心能力在很大程度上就是企业在产品族创新的基础上，把产品推向市场的能力。他们将核心能力分解为四个维度，即产品技术能力、对用户需求的理解能力、分销渠道能力和制造能力，并发现核心能力和市场绩效之间存在因果关系
Dorothy Leonard – Barton（1992）	核心能力构成了公司的竞争优势，是企业长期积累形成的，它由物理系统、技能、管理系统和价值观四个维度构成
George Stalk，1992	在《计划评论》（Planning Review）一文中将核心能力定义为"能为扩大生产线提供测度标准的个人技术和生产技能的结合"
Yves L. Doz（1993）	将核心能力区分为资源分配能力、资源交换能力、管理能力与技术能力
G. Hamel & A. Heene（1994）	把核心能力定义为市场进入相关能力、声誉管理相关能力、功能相关能力
詹姆士等（1995）	核心能力是跨越各部门的、能够灵活适应企业长远发展的技能或知识群。企业应集中力量，将自己的核心能力定位对对将来成功最具决定性影响的、在价值链中充分发挥独特作用的2~3个活动或技能上
David J. Collis & Cynthia A. Montgomery（1995）	核心能力应满足五个测试：（1）独特性测试：该资源是否难以被复制，资源的独特性取决于物理上的独一无二性、路径依赖性、因果含糊性和经济/投资上的阻碍性；（2）持久性测试；（3）专用性测试；（4）可替代性测试；（5）竞争优越性测试：即比较企业所有资源中哪一个最好
Winterscheid & McNabb（1996）	把核心能力定义为技术能力、市场驱动能力、整合能力
鲍·埃里克森，杰斯珀·米克尔森（1996）	核心能力既是组织资本，又是社会资本。组织资本反映了协调和组织生产的技术方面，而社会资本显示了社会环境的重要性。前者可以在组织结构中得到体现，而后者可以反映企业文化，并可被看作是特定组织结构水平的产物
D. Faulkner & C. Bowman（1996）	企业核心能力是公司所拥有的、在行业中表现最佳的运行和制度，并进而将核心能力分成运营能力（operational competence）和制度能力（system competence）两类。运营能力指"技术"能力，这种能力与公司在市场的经营情况有关，如销售网络、技术一体化等。制度能力主要是确定公司从事的核心活动的范围，一般有效性制度能力包括价值保障、价值提升和创新能力

续表

研究者	定义和界定
Coombs（1996）	企业核心能力包括企业的技术能力以及将技术能力予以有效结合的能力，因此企业核心能力既具有技术特性，又具有组织特性，它包括企业的技术专长和有效配置这些专长的组织能力
Raff & Zollo（1996）	企业核心能力是企业的技术核心能力、组织核心能力和文化核心能力的有机结合
Christine Oliver（1997）	构成核心能力的资源具有稀缺性、独一无二性、持续性、专用性、不可模仿性、非交易性、无形性和非替代性等特点
Kevin P. Coyne, etc.（1997）	核心能力是某一组织内部一系列互补的技能和知识的组合，它具有使一项或多项关键业务达到世界一流水平的能力，企业核心能力可以归纳为洞察能力、预见能力和前线执行能力
Verna Allee, 1997	在《知识进化》（The Knowledge Evolution）一书中认为，"竞争能力就是快速向市场提供新产品或增强竞争力而调整知识"的能力，并指出："核心能力是使公司能持续开发新产品和开拓市场的特性"

资料来源：作者根据相关资料整理而成。

由表 3-1 可以看出，企业核心能力是以一定方式组合在一起的知识和技能的集合体。企业核心能力的特性主要表现在价值性、延展性、独特性和动态性四个方面（见表 3-2）。

表 3-2 核心能力的特性

特性		解释	举例
价值性		核心能力应对最终产品所体现的消费者利益有显著的贡献，并实现用户最看重的价值	本田车在发动机和传动系统方面的能力为客户提供了如下好处：极省油，易发动，易加速
延展性	跨职能	核心能力能跨部门发挥作用	日本日产公司的成本控制能力使其在后勤和生产过程中发挥有效的作用
	跨产品	核心能力对多种产品起支撑作用	佳能的光学技术可以运用到成像系统、复印机以及照相机等多种产品上
	跨业务单位	核心能力对多种业务单位发挥作用	麦当劳的运作管理能力使其能够在世界各地保持同一水平

续表

	特 性	解 释	举 例
独特性	差异性	相对于竞争对手，核心能力具有显著的差异	索尼的微型化能力
	不易模仿性	核心能力不易被对手模仿	本田在发动机设计上的专有技术竞争对手很难模仿
	难以替代性	核心能力不易被其他资源或能力所替代	微软的市场份额其他企业很难替代
动态性	协调整合能力	企业通过对其内外部知识的整理和融合，使之具有较强的柔性、条理性、系统性	Dell公司强大的知识协调和整合能力，保证其能够不断推出符合产业标准的高性能产品
	学习能力	运用个人和组织知识提高企业应变和创造能力	Dell公司注重运用员工个人和组织知识增强企业的应变和创新能力
	重构能力	重构是指对企业原有知识体系结构进行较为彻底地调整	通用电气公司的持续发展得益于其强大的重构和变革能力

（1）价值性标准。核心能力应对最终产品所体现的消费者利益有显著的贡献，并实现用户最看重的价值（核心价值）。识别一种能力是不是核心能力，首要的判断标准就是看其能否给客户带来巨大的好处。从经济学的角度，就是是否能够提供最大的消费者剩余。如客户购买本田车，是因为本田车在发动机和传动系统方面的能力确实为用户提供了如下好处：极省油，易发动，易加速。

（2）延展性标准。核心能力应能跨职能、跨产品、跨业务单位发挥作用。从经济学的角度，延展性是指核心能力的范围经济性。如果企业的技能诀窍仅仅属于职能性的或者属于某一个SBU，这样的技能诀窍则不能成为核心能力，只有横跨企业整体的技能诀窍才有可能成为企业的核心能力。

（3）独特性标准。同竞争对手相比，本企业的核心能力应当是独一无二的。如果本企业做得很好的某种能力，竞争对手同样做得很好，则该能力就不是核心能力。独特性包括差异性、不易模仿性以及难以替代性。

（4）动态性标准。对日益快速变化的市场环境，核心能力必须具备一种持续知识创新的动态能力，[1]即适应、集成和重构外部和内部资源以跟上外部环境变化的市场要求的能力。动态的观点使得分析者避免仅仅停留在企业内部环境的分析上，而忽视了外部的现实性和变化性。核心能力的动态性包括协调整合能力、学习能力和重构能力。

3.2 企业核心能力的识别方法

自普拉哈拉德（C. K. Prahalad）和哈默尔（G. Hamel）于 1990 年在《哈佛商业评论》首次提出"核心能力"以来，如何拟定一种科学的识别方法一直是学术界关注的焦点。综合已有研究，核心能力的识别方法可分为定性方法、定量方法以及介于两者之间的半定性半定量方法三种类型。[2]

3.2.1 以普拉哈拉德（C. K. Prahalad）、哈默尔（G. Hamel）和巴尼（Jay B. Barney）等为代表的描述法

普拉哈拉德（C. K. Prahalad）、哈默尔（G. Hamel）和巴尼（Jay B. Barney）等是大家公认的企业核心能力理论的重要奠基人，他们基于资源观，开创了企业战略管理的新局面。就核心能力的测度方法所做的工作而言，他们主要做了以下几个方面的工作：（1）提出了从"何处"去寻找核心能力。他们认为企业核心能力，在业务层次上，来源于企业的特有资源和能力；在公司层次上，来源于企业具有不同适应性的各种资源的集合。（2）说明了产生核心能力的这些资源是"什么"。为了帮助人们理解

---

[1] Teece D. J., Pisano G., etc.. Dynamic capabilities and strategic management. Strategic Management Journal, 1997, Vol. 18, No. 7: 509 – 533.

[2] 关于核心能力识别方法中的描述法、技能树法、层次分析法以及过程分析法的介绍，引自：万伦来，达庆利. 企业核心能力的识别方法研究. 管理工程学报，2003, Vol. 17, No. 2: 54 – 55. 略有改动。

资源的含义，他们把资源定义为企业的资产、知识、信息、能力、特点和组织程序，并可分成财务、实物、人事和组织资源等几大种类。(3) 阐述了"什么样"的资源能成为企业的核心能力。他们认为企业的资源和能力如果具有价值性、难模仿性、稀缺性，且组织得当，那么对于企业取得持续竞争优势非常重要，才算得上是核心能力，分析评估企业核心能力时必须从这几个方面入手。

普拉哈拉德（C. K. Prahalad）等关于企业核心能力的测度方法，仅文字性描述了认识核心能力的大致思路。不仅表达用词抽象暗默，而且并未指出核心能力应由哪些能力组成、每个核心能力又由什么构成，与此同时，关于企业核心能力的发展过程也未作考虑。因而，他们提出的方法层次性、系统性较差，对企业能力的细分度不够，缺乏可操作性。

3.2.2 以 Compell、Goold 等为代表的技能树法

Compell、Goold 等基于他们对 Mars、Shell、Unilever 等公司的多年研究，使用"核心技能""关键业务技能"等与"核心能力"含义相同的术语说明了诸如"市场营销""包装技术"等广义的技能过于笼统，要真正掌握和管理企业的核心技能，必须分析它的细节。为此，他们把"关键业务技能"定义为企业为了取得非常出色业绩的某类业务行为，进而拟定了一种能识别企业"关键业务技能"的有用的工具——技能树法。他们认为"关键业务技能"与"市场需求"相联系，为了满足市场需求，一个企业可以拥有许多"关键业务技能"，而这些"关键业务技能"可分解为各种"部件"，"部件"进而可分为各种"子部件"。"部件"是指高标准地完成某项"业务技能"所需要的元素，"子部件"是辅助"部件"完成某项"业务技能"所需要的元素。如果人们能够认识企业中各种"子部件"和"部件"，便可识别企业拥有的"关键业务技能"，即核心能力了。

Compell、Goold 等构建的技能树法，有利于人们掌握企业核心能力的细节，且具有较强的直观性、层次性。但是该方法对各元素的重要程度的

差异、企业核心能力源于何处以及演化过程等考虑不够。

3.2.3　以 Gallon、Klein 等为代表的层次分析法

该方法与上述的技能树法相似，都强调能力的层次性，所不同的是层次划分的细分度和划分的种类不同。他们认为企业由各个层次的技能组成，上下层之间有因果关系。企业系统是一个由时变元技能、公司元技能、公司技能库、产品、市场组成的因果流大系统。要识别企业的核心能力，必须将其分为职能部门层次的基础能力、事业部层次的关键能力、企业层次的核心能力三个层次逐一分析。该方法除了具有将技能树法中的"部件"和"子部件"再具体细分优点外，其他优缺点与技能树法相似。

3.2.4　以 Yves Doz 等为代表的过程分析法

Yves Doz 等吸收了资源学派发展起来的许多概念，并结合关于"学习型组织"已有研究成果，提出了应根据核心能力发展过程来分析识别核心能力。他们认为核心能力是通过"干中学"积累发展起来的，核心能力的基石——学习通常是暗默的，要识别企业的核心能力，必须抓住核心能力管理中的四个关键过程：核心能力的开发、集中、发挥、更新。

我国学者也提出了过程法分析核心能力的思路和方法。如康荣平等把企业能力分为基本能力、亚核心能力、核心能力三个层次，较合理地剖析了海尔、长虹等企业的能力发展历程；梅姝娥等认为企业核心能力的形成过程包括三个阶段：由标准资源形成有效业务的第一阶段，由有效业务形成能力的第二阶段，由能力形成核心能力的第三阶段，且这三个阶段转换过程中具体体现了三个不同类型的学习过程，即一般学习、能力学习、战略学习。

过程分析法虽然重视了企业核心能力形成的动态过程性，学习积累性以及企业文化因素，但该方法层次性不强、细分度不够、过多强调组织文化方面的因素。

3.2.5 基于"价值探索者工具"的核心能力识别方法

丹尼尔·安德里森（Daniel Andriessen）和勒内·蒂森（René Tissen）于2000年在《没有重量的财富——无形资产的评估与运营》（*Weightless Wealth: Find Your Real Value in a Future of Intangible Assets*）提出了一种称为"价值探索者工具"的基于知识分析的企业核心能力识别方法。他们用企业无形资产来描述核心能力，并通过四个步骤来帮助定义核心能力（见图3-1），然后再运用增值力、竞争力、潜力、持续力、健康力的问题清单来识别核心能力（见表3-3，表3-4，表3-5，表3-6，表3-7）。每一个核心能力运用清单的得分在0~5之间。

收集基本信息 ← 一般信息、客户群需求、市场和竞争、产品和服务、组织和员工、企业的过程、成功的因素

创造性思维 ← 考察你的客户、考察你的产品和服务、考察你的无形资产、考察你的竞争、考察你的项目和服务、考察你的未来

定义一些核心能力 ← 以"……的能力"来进行描述，考虑把技能、知识、生产过程和文化相结合，考虑客户的利益，起一个悦耳的名字，写下对核心能力准确的描述

将竞争能力分解到无形资产中 ← 将核心能力分解到：技能和隐性知识、共同的价值和标准、技术和清楚的知识、基本生产过程和管理过程、资产和企业资源等

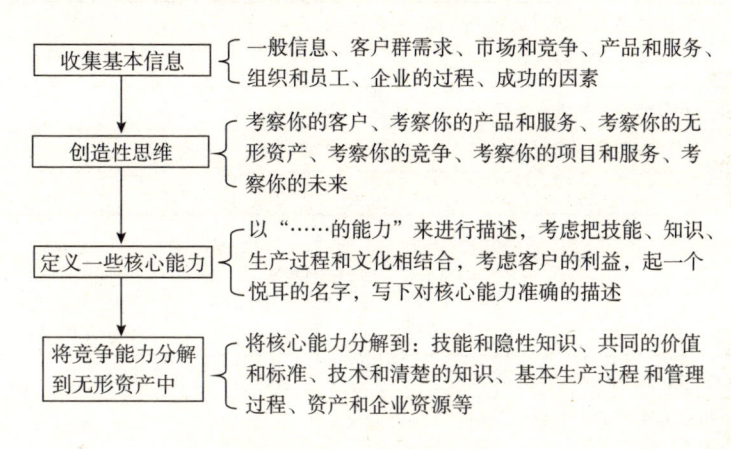

图3-1 定义核心能力

表3-3 增值力清单

增值力	得分（1=是，0=否）
核心能力为客户提供了可观的利益或为公司节约了大量的成本	
客户需要这种特别的利益或成本的节约	
这种利益对大部分客户来说是很重要的，它比"凑合接受"又更进一步	
由于未来的可预见性，客户将持续这种利益预期，而不仅仅是一个暂时的偏好	
这个核心能力中的领导能力使得客户认为企业在竞争中与众不同，而不仅仅是比其他竞争者好一些	
增值力总分	

企业核心能力战略

表3-4 竞争力清单

竞争力	得分（1=是，0=否）
少于五个竞争者共享这个特殊能力	
企业在这个特殊能力的许多方面都优于竞争对手	
企业比竞争对手在这个能力上花费了更可观的时间和金钱	
客户选择了企业的产品或服务，在很大程度上是由于企业具备这个能力	
这个能力中的领导地位普遍被认可，而且可以通过行业杂志、专利权等被展示出来	
竞争力总分	

表3-5 潜力清单

潜力	得分（1=是，0=否）
这个核心能力能够提供不断增长的产品或服务的需求	
这个核心能力促进了未来新产品或服务的发展	
这个核心能力有利于未来进入新市场	
没有对这个核心能力的使用起副作用的经济威胁（客户、供应商、竞争对手）	
潜力总分	

表3-6 持续力清单

持续力	得分（1=是，0=否）
这个核心能力在企业分公司中是没有的	
竞争对手想掌握这个能力需要付出相当多的时间或金钱	
这个能力的组成部分被专利权、商标和其他法律手段所保护	
这个能力是如技能、知识、过程和共同的文化等许多无形资产综合而成的，因此很难模仿	
这个能力不能通过收购或从其他外部资源中获得	
持续力总分	

表3-7 健康力清单

健康力	得分（1=是，0=否）
由于这个能力易受伤害，因此拥有该技能和知识的人非常重要	
被建立起来的有关这个能力的价值和标准正处于压力之下	
组成这个能力一部分的技术和IT系统易受伤害	

续表

| 这个核心能力的基本生产过程和管理过程易受伤害 |
| 这个核心能力赖以生存的基础性资产（像公司形象、固定的客户基础）易受伤害 |
| 总分：A = |
| 健康力总分：5 – A = |

注：健康力清单表示那些构成核心能力的无形资产易受伤害的程度。如果回答"是"，表明了易受伤害程度。为了使健康力分数在 0～5 之间，必须将最终得出的结果（用 A 表示）从 5 中减去。

这种方法的特点是确认企业的无形资产，主要的知识资产是企业核心能力的基础，企业寻找和评估核心能力主要应考虑无形资产的影响。因此，对于那些主要依赖无形资产取得竞争优势或希望通过无形资产取得竞争优势的企业，这是一种值得参考的方法。

3.2.6 一种基于"递阶层次"的核心能力识别新方法

3.2.6.1 基于"递阶层次"的核心能力识别方法的构思

从系统的观点来看，核心能力应是一个多层次、多维度的知识系统。为此，本书依据核心能力的基本属性，建立了一种基于"递阶层次"（step - by - step procedure）的核心能力的识别框架，如图 3 - 2 所示。

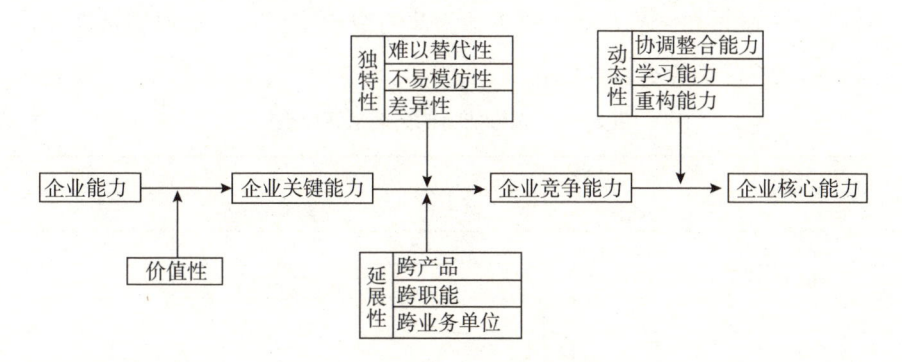

图 3 - 2 核心能力的识别框架

根据此识别框架，核心能力的识别可以按以下步骤分步进行。

步骤一：识别企业能力

企业能力，实际上就是人们认识客观事物并运用知识解决问题、进行创新的能力，它本身就构成了一个知识系统，而且是能够学习和进化的系统。对企业能力的识别是识别核心能力的第一步。企业能力的识别可以借助价值链来进行。首先根据价值链识别出企业价值链环节上各主要价值活动，然后再进一步确认支持这种价值活动所需要的知识和能力，在此基础上，对这些知识和能力进行归类、总结，形成企业能力清单。

步骤二：识别关键能力

关键能力的确认是以能否为客户带来巨大的价值或好处为判断标准，即客户是决定何者是、何者不是企业关键能力的最终裁判。因此这一步的识别要体现关键能力的价值性特征。一般来说，关键能力可由熟悉企业生产经营过程的各层经理人员、客户代表以及有关专家，依据价值性的大小，通过打分的方法来确定。

步骤三：识别竞争能力

企业竞争能力是在企业关键能力确定的前提下，依据核心能力的延展性和独特性分步来确定。具体方法如下。

核心能力的延展性包括跨职能、跨业务单位以及跨产品的能力。对核心能力延展性的每一项评价可由多位专家打分确定。核心能力的延展性评分过程如表3-8所示。

表3-8　核心能力的延展性评分表

关键能力	延展性			
	跨职能	跨产品	跨业务单位	总分
a				
b				
c				
d				
e				
f				
g				
h				

在完成核心能力的延展性测试之后，进一步评价核心能力的独特性。核心能力的独特性包括差异性、不易模仿性和难以替代性。与延展性的评价类似，对独特性的每一项进行评分同样可由多位专家采用打分进行确定。核心能力独特性的评分过程如表3-9所示。

表3-9 核心能力的独特性评分表

关键能力	独特性			
	差异性	不易模仿性	难以替代性	总分
a				
c				
d				
e				
g				
h				

步骤四：识别核心能力

核心能力的动态性包括协调整合能力、学习能力和重构能力。对这三项能力的评价也可由多位专家打分确定。核心能力的评分过程如表3-10所示。

表3-10 核心能力的动态性评分表

竞争能力	动态性			
	协调整合能力	学习能力	重构能力	总分
c				
e				
g				

需要说明的是，对通过上述步骤确定出的核心能力，还需要进一步进行简化、归纳和综合分析，以抽象出其中最为关键的、在价值链中充分发挥独特作用的2~3个活动或技能群（最好不要超过五个），最终作为企业的核心能力。

3.2.6.2 基于"递阶层次"的核心能力识别方法的程序说明

根据上文所提的核心能力的识别框架，并考虑到所提方法应具有直观性、可操作性等特点，识别过程可按如下方法进行。

（1）首先要搞清企业的资源状况，尤其是关键性的企业资源，在此基础上，列出企业价值链各环节上的技能/知识，并归类、总结，形成企业知识、能力清单。

（2）根据核心能力的主要特性，对列出的知识、能力清单上的每一类知识、能力按照上述识别程序框架分步进行属性测试。属性测试可以采用专家打分的办法来确定，分值越高其肯定程度越强。

（3）对通过上述属性测试确定出的核心能力，还需要进一步进行简化、归纳和综合分析，以抽象出其中最为关键的、在价值链中充分发挥独特作用的2~3个活动或技能群（最好不要超过五个），最终作为企业的核心能力。

需要说明的是，应用该方法辨识企业的核心能力时，应注意：①辨析者要非常熟悉分析对象价值链的各个环节，且要具有一定的经济管理知识和分析概括及抽象能力；②要注意反映企业各能力间的关联性，尤其是要注意反映潜藏于企业中的隐性知识；③要注意反映企业供应链上的协调和整合能力。

为了更好地说明该方法，这里以某计算机制造商M为例，以图3-2的框架为基础，对该企业的核心能力进行识别。

首先以M公司的价值链为基础，确定出该公司所拥有的主要资源、知识和能力，如图3-3所示。然后将这些资源、知识和能力经过进一步的整理、汇总和归纳后，拟定出该公司有代表性的知识共28项。由于篇幅所限，作者精简了分析数量，集中对主要的11项知识进行识别，同时采用5分制对各项知识指标进行打分，1分表示该项指标程度最低或可获得性最低，5分则表示该项指标程度最高或具有高可获得性。打分依据与该公司具有长期合作关系的某咨询公司的判断，具体识别结果见表3-11。其中核心能力的价值性以3.5分为标准，延展性和独特性以10分为标准，动态性以7分为标准，最后得到该公司的核心能力是：装配运作系统、优质低成本生产、完善的配送体系和纯直销。

图3-3 M公司的价值链

企业基础设施	规划、预算系统		信息技术平台		标准化		
人力资源准备	出色的人员培训	技能发展			留住最好销售人员的激励机制	服务人员的招聘培训	
技术开发	信息系统开发	个性化的产品设计；R&D投入	信息系统开发		运用Internet技术		
采购	及时采购	高质量的零部件			信息系统	高质量的备件	
	可靠的配件供应 严格的进货检查 降低库存	装配运作系统 规模经济 产品检查 低次品率 优质低成本生产	精确的定单处理 快速及时交货 摈弃存货 完善的配送体系		专业销售队伍 低位定价 纯直销 体验客户 细分市场	快捷提供新技术 个性化服务 声誉	
	内部后勤	生产作业	外部后勤		市场和销售	服务	

表3-11 M公司的关键能力、竞争能力与核心能力

功能	关键能力	竞争能力-延展性 跨产品	跨职能	跨业务单位	合计	竞争能力-独特性 差异性	不易模仿性	难以替代性	合计	核心能力-动态性 协调整合能力	学习能力	重构能力	合计
采购	及时采购	4	3	3	10	3	3	3	9				
	信息系统	3	3	3	9								
R&D	研究	3	3	3	9								
	产品开发	4	3	3	10	3	3	3	9				
生产	装配运作系统	4	4	3	11	4	3	3	10	4	3	4	11
	产品检查	3	3	3	9								
外部后勤	快速及时交货	3	3	3	9								
	完善的配送体系	4	3	4	11	4	3	3	10	3	3	4	10
营销	纯直销	4	4	3	11	4	3	4	11	4	3	4	11
	体验顾客	3	3	3	9								
服务	快捷提供新技术	3	3	3	9								
	个性化服务	4	3	3	10	4	3	3	10	3	3	3	9
	声誉	3	4	3	10	4	3	3	10	3	3	3	9

企业核心能力战略

　　表3-11测试得出的 M 公司的核心能力，经过进一步的归纳、综合和抽象，最终确定出该公司的核心能力为：建立在纯直销模式上的低成本配件供应、装配运作体系和配送系统的实施能力。从测试结果可以看出，M 公司的核心能力是建立在直销模式上的低成本配件供应、装配和配送的实施能力。

第4章 知识管理与核心能力

4.1 知识管理与核心能力的关系

知识经济时代，知识比其他生产要素具有更高的生产率和创造性，能够大大增加企业产品和服务的价值，因而它逐渐成为企业增强核心能力最为重要的战略新资源，相应地，对于知识的开发和管理，也就成为企业核心能力的最为重要的来源。知识管理肩负着营造企业核心能力的重要使命，正在日益成为当代企业管理工作的重心。

基于这种认识，20世纪90年代以来，在发达国家的不少企业中，越来越多地出现了一种全新的职务安排——CKO（Chief Knowledge Officer），即企业的"知识主管"。这些高级管理者令人瞩目地活跃在企业的生产经营活动中，对企业的知识资源进行统一管理，负责组织收集、筛选和分析有关信息，创造、使用、保存和转让企业的相关知识，将企业的智力资本、无形资产等与企业的经营战略、有形要素等协调起来，以达到知识创新和技术创新，实现企业的经营目标，形成并不断提升企业独特的核心能力，保持企业创造财富的持续增长。一些国际著名的领先企业，如美国的可口可乐、通用电气公司、戴尔公司、日本的索尼公司、芬兰的诺基亚集团等，实行知识管理后所获得的强大的创新能力和显著的核心竞争优势以及卓越的经营业绩，已经引起全球企业界的广泛关注和认同，对知识管理的全面研究和实践正在世界范围内蓬勃展开。以美国为例，据 Delphi

Consulting Group 在 1995 年的调查，当时美国已有 28% 的企业在运用知识管理，其余的 70% 左右大多也计划于 1999 年实行全面的知识管理，以充分开发和有效利用自身的知识资源，保持和发展核心竞争优势，增强创造财富的能力。

彼得·德鲁克强调，"管理的核心是使知识产生生产力。"这是对知识经济时代管理真谛的深刻揭示，知识管理是未来企业特别是高科技企业成功的关键。正是企业的知识管理实践着知识管理的孵化创新、技术的联合集成，实施着知识与技术的产业化、商品化、更新换代和交换转移，从而使得经济运行保持着源源不断的发展活力和增长源泉。这一新的管理现象和趋势，不仅为管理科学的发展提供了崭新的研究方向和鲜活的学术素材，而且也迫切呼唤着当代管理科学对这些具有强大生命力的管理实践及时进行系统的理论总结，并为这一方兴未艾的管理实践提供科学的指导和帮助。管理科学必须及时准确地把握社会经济发展的这一脉搏，以回应社会经济发展对于管理科学发展的深长呼唤和严峻挑战。这也正是管理科学的重要现实意义。

4.2　知识管理的重点关注领域——核心能力

公司知识管理的最终目的是增加公司的利润并提高公司的赢利能力，从总体上服务于公司的战略目标。比如神州数码公司的长远目标是"做一家长久的、有规模的、高科技的百年企业"。根据这个战略目标制定出神州数码的知识管理战略规划书，即"长久的"——知识必须有积累；"有规模的"——知识必须能在大范围内共享；"高科技的"——管理的知识必须能提炼成高附加值的。

对于所有的公司，在推行知识管理之前都应首先明确自己的核心能力在哪里，是产品差异化，新产品或服务投放市场的时间，用户支持与售后服务，生产成本优势，还是上述所有要素的组合？从目前知识管理实践来

第4章 知识管理与核心能力

看，公司一般首先选择几个关键部门作为知识管理的重点，待取得显著成绩和成功经验后再向其他领域和部门推广。这些关键部门一般是：新产品开发部门、客户支持部门、教育与培训部门、软件开发部门以及专利管理部门等。

在明确了本公司的核心能力之后，公司便应着手在核心能力领域推行知识管理工作，以期通过知识管理进一步增进公司的核心能力。

公司可用于进行知识管理的资源是有限的，所以选择核心能力作为知识管理的重点，可以保证这些有限的资源用于高收益的领域，并可从根本上促进公司的可持续发展。

其次，选择核心能力领域作为知识管理的重点，可以大大减少需要管理的知识内容，简化知识管理业务工作。

再者，很多知识管理人员将主要精力放在对知识本身的管理上——知识的获取、分类、存储、检索和重复利用，但是知识的创造、共享和重复利用不可能发生在真空中，知识管理首先要真正发挥效力，就必须支持特定的业务流程，如果不能实现知识管理与业务流程的融合，知识管理就有可能走上技术导向的路线，从而使其失败的可能性大大增加。

此外，选择核心能力作为公司知识管理的重点，更有可能引起公司上下尤其是公司最高领导层的关注，更有可能获得较多的资源支持，也更有可能在全公司范围内显示和宣传知识管理的巨大作用。

在确定公司知识管理的重点区域后，公司便要具体调查这些区域需要什么样的知识，以及该区域员工的知识获取和利用方式，为下一步工作做好准备。

绝大多数公司均能较为明确地确定对其本身发展和业务运行最为重要的知识类型，对公司来说，最为重要的知识是关于客户、市场、竞争对手和公司产品与服务方面的知识，规模较大的公司如跨国公司更为重视有关竞争对手的知识。

在确定公司知识需求时，知识管理人员必须与业务人员密切合作，在这一阶段应以业务人员为主，知识管理人员的任务主要是帮助他们发现自己未意识到的知识需求和未明确表达的知识需求，双方共同制定一份公司知识管理重点区域知识需求指南。

4.3 核心能力的本质：创造和运用知识的能力

普拉哈拉德（C. K. Prahalad）和哈默尔（G. Hamel）于1990年在《哈佛商业评论》发表的"公司核心能力"一文中，就已经明确指出："核心能力是组织的积累性的学识，特别是关于如何协调不同的生产技能和集成多种技术流派的学识。"很显然，该定义中的"生产技能""技术流派""积累性学识"等关键性的字眼，无论从中文还是从英文原文理解，都不难看出它们都是"知识"的一种，也就是说，普拉哈拉德和哈默尔在一开始就定义了企业核心能力的知识性，并且在这个核心能力的定义中，不仅包含了知识的实体性和静态性，而且强调学习，突出了知识的动态性特征，亦即核心能力定义体现了知识的"波粒二相性"。从企业核心能力的上述定义中不难看出，核心能力的根源在于知识，尤其是创造和运用知识的能力。

事实上，无论是"能力理论"还是"资源观理论（resource-based view，RBV）"都强调企业的能力来源于企业的"独特资源"，例如，最初的能力学派学者认为，企业的能力归于企业的独特的资源和对这种独特资源的独特的最优配置和使用。在这里，资源的概念是十分宽泛的，除了知识之外，还包括物质的、财务的；既有有形的，也有无形的，等等。但是，人们不难看出，在所有的企业的资源中，重要性是不一样的。在知识经济时代，知识无疑是最具战略性的资源和资产，有形的物质资源是无法和它相比的，机器、原材料即使是非常稀缺的，但是相对于知识而言，企业的这些资源也是可以较为容易地通过市场交易行为得到的。同时，那些非知识资源离开了拥有知识的人的有意识地有目的地寻找"经济租金"的活动，是不能产生任何生产力的。而知识则不同，它更具有稀缺性和难以模仿性，每个企业内部的显性知识和隐性知识，尤其是隐性知识是难于交易和模仿的，因此，能力学派的所谓的"独特资源"不是别的，归根结底是知识，正是由于企业内部知识的独特性，才使得企业在面对同样的市场环境，反应不同，表现出竞争能力的优劣。

因此，企业能力本质上是知识专有的，具备知识的一切属性，知识是知识经济时代企业资源的核心，只有知识才能最终解释核心能力，也唯有知识和知识管理才是企业核心能力、核心能力的最终的逻辑归宿和唯一源泉。在知识中，企业的那种看来不容易被理解和测度的核心能力找到了答案。

另外，正确认识基于"知识"的能力观还需把握住这样一个概念：即企业的核心能力是一个动态的知识系统。首先，这个系统是"知"和"识"的有机结合体，所谓的"知"是指实体的和存量的知识，所谓的"识"是指知识的动态性、周期性和过程性，它是企业已有的知识结构和认知能力的结合，这种认知能力本质上就是一种学习能力（learning），"识"比"知"更重要，企业的竞争能力主要体现在"识"方面；其次，这个系统应具有较强的新陈代谢功能，它是不断吐故纳新的动态系统，正是由于企业的知识体系的不断新陈代谢才保证了企业核心能力的先进性、有效性和持久性。

4.4 企业核心能力的知识载体

核心能力载体的研究在于探究企业核心能力存在于何种载体中。研究核心能力的载体，可为对核心能力作度量、评判，提出提高核心能力的对策和措施提供落脚点。

由于核心能力的本质是知识，分析其载体，也就是分析知识存在于什么地方。任何一种知识，不可能以一种游离态的方式存在。即使是格式化的知识，也依赖于某种载体而存在（如文件、书本、软件等）。在知识经济时代，企业要提高其核心能力和竞争优势，关键要求学习和积累新的知识，并激活知识库内的知识存量，而知识的激活，就必须以知识载体的激活为手段。所以，揭示知识的载体，对于知识的学习、积累、存储和激活，具有重要的现实意义，因为只有明确了知识的载体，才可以通过载体的培育来获取和积累知识，通过载体的激励或充分利用，以达到最大程度利用拥有知识，发挥知识经济效益的目的。只有在载体培育的基础上，才能孕育出独特的、不为外部所获取和模仿的核心能力，离开能力载体而讨论能力培育，好比是无本之木。

从企业组织的角度来考察知识的载体，可从企业有形资源分析入手。项保华（1994）认为企业的资源指研究开发、生产、市场营销、财务、人事五个方面的实力条件。这五个方面是企业的五个基本职能，它们基本涵盖了企业的全部活动及支持活动实现的所有资源。研究开发的进行，关键依靠人才，然后是设备、资金和信息。人才是产生新思想的最根本源泉，设备、信息和资金是支持新思想转化为创新成果的条件，其中信息是催化剂，因为只有把外部获取的信息和储存于大脑的知识交叉、结合才能孕育出新的思想，这样的信息可以以图纸、文件、论文、报告、软件等方式存在。同样，生产过程的完成依赖于生产人员、管理人员、设备、信息（如图纸、操作规程）等资源要素；市场营销职能的实现依赖于营销人员、管理人员、资金、信息网络（包括市场信息网络、产品信息网络等）等。这样，可以发现，人员、设备、信息、资金等构成企业使命实现的基本资源要素。其中，就资金要素而言，对其运作很大程度上反映了人员和组织的能力。以上这些要素要有机整合必须依靠组织的安排，通过组织对这些资源的有效配置，最大程度地发挥资源的优势。哈里森和约翰（Harrison, John, 1998）也认为，组织可以基于技能和资源来开发核心能力，具体途径有：把管理和技术技能系统整合；通过经验积累而不是收购去获取；给顾客以显著的利益；在公司的经营领域内广泛采用新技术与管理方法。他们还举例认为 AT&T 的核心能力表现在高标管理方法，摩托罗拉表现在灵活制造能力上，而 3M 表现在供应方管理上。他们的观点非常强调技能和经验在核心能力培育中的作用，同时，也说明了企业内部组织技能和资源可以管理的活动、技术开发活动和顾客导向的市场营销活动等作为载体得到不断积累和提升，从而构筑和培育企业的核心能力。

结合对企业的调查以及哈里森和约翰（Harrison，John，1998）等的论述，可以认为企业的关键要素包括人员、设备、信息和组织四个方面，而这四个方面都包含有知识，他们能力的发挥，在本质上就是蕴涵知识的发挥。希伯尔（Hippel，1988）认为设备中包含有知识，这些知识的获取是一个不断试错的过程，通过设备的不断使用、发现错误和改正错误来获取知识。与此对应的是阿罗（Arrow，1962）的"干中学"思想，企业人员经过不断"干"而学习"干"的对象中所隐含的知识。另外，罗森伯格（Rosenberg，1976）提出了"用中学"的思想，同样也揭示了人员通过在使用设备和技术的过程中学习知识的观点。这些观点充分说明了设备中包含有企业的知识。再就组织而言，组织学习和个人学习是两个层次的学习，没有个人学习就没有组织学习，个人学习是组织学习的必要条件。可以把组织学习看作是一个由成员个人协作探索作为媒介的过程，组织和个人共同构成了学习的主体，他们是企业核心能力的两个载体，通过组织学习与个人学习，使企业的知识得以不断的积累，其中个人知识和能力的积累是整个企业技术积累的基础，在一些个人发挥较大作用的部门（如研究开发部门）尤其如此。至于信息，作为格式化知识，是企业拥有知识的载体，这一观点已为大家所普遍接受，而由信息组成的信息系统，作为连接信息与信息之间、信息与组织之间、信息与个体之间的技能和技巧，更是对信息是知识载体的深入反映。进一步地，我们发现，作为核心能力本质——知识的载体是人员、信息、设备和组织的推断，与亚太经合组织（ESCAP，1989）在研究发展中国家的技术能力所提出的技术能力四要素为人员、信息、设备和组织相印证。

基于作为核心能力本质——知识载体是人员、设备、信息和组织的推断，企业为提高其核心能力，就应该以人员的培养、引进及对其创造力的发挥作为人员知识激活的着眼点，这是核心能力构建的最本质要求，除此，要建立和完善企业的信息系统，充分利用所拥有的设备，发挥其最大功能，完善组织结构和组织学习能力。

4.5 案例分析：BP基于知识的核心能力[1]

4.5.1 BP增值的核心能力

英国石油公司（BP）成立于1909年，有着悠久的历史与传统，是最早开发中东石油的企业。BP的太阳花标志是根据古希腊的太阳神命名的。20世纪80年代后期至90年代早期，是公司的困难时期。不断下跌的油价，以及涉足的经营领域太广，都促成了公司业绩的恶化。1992年，公司亏损了8.11亿美元，这是它80多年来的首次亏损。但仅仅5年后，尽管从历史的角度看油价仍处于低迷状态，公司的业绩却突飞猛进。20世纪90年代中期，BP的规模在全世界石油公司中排名第四，并且是英伦三岛最大的企业，也是北海与阿拉斯加最大的石油生产商。1995年，公司的销售收入达570亿美元；1997年，销售额达712.7亿美元，盈利46.2亿美元；1999年在"财富全球500强"中排名第19位。在过去的数十年中，这个国际性的石油公司已经从一个无重点的矿物、煤炭、动物喂养等的普通生产者成长为世界上营利性最强的主要石油公司，并以知识管理有方而广受赞誉。它如何实现这些转变？我们看一看BP如何掌握价值增值的六方面能力（见图4-1）。

---

[1] 本案例是作者根据相关资料整理而成。

第 4 章　知识管理与核心能力

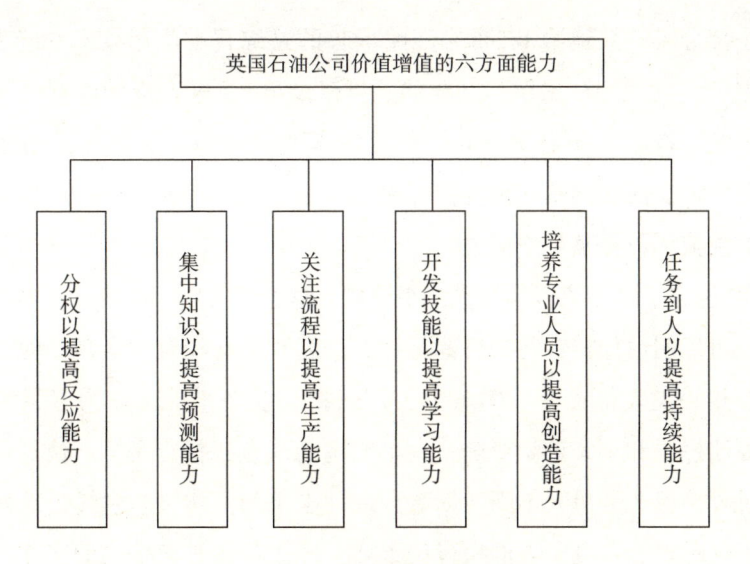

```
                英国石油公司价值增值的六方面能力
                              │
    ┌──────┬──────┬──────┬──────┬──────┐
  分权以   集中知   关注流   开发技   培养专   任务到
  提高反   识以提   程以提   能以提   业人员   人以提
  应能力   高预测   高生产   高学习   以提高   高持续
          能力      能力      能力    创造能    能力
                                        力
```

图 4-1　BP 价值增值的核心能力

分权以提高反应能力

BP 划分为 90 个业务单元，所以变得更灵活、更具反应力。在业务单元的常务管理者和 9 个执行人之间不存在等级，高层管理团队刺激组织，而不是控制组织。高层管理团队制定战略方向，以鼓励学习、确保吸收教训的机制到位。公司总部和业务单元现在有近 350 名员工（对于一个收益为 700 亿美元的企业来说，这的确是一个不可思议的小数目）；决策被推到它能被最有效管理的地方（业务单元）；组织更加扁平，因为每位管理人员都在业务单元的团队中工作。

集中知识以提高预测能力

BP 在一个易懂的目标下运行，以便于每个人都能理解哪类知识是关键的、为了提高他们的绩效，他们应该学习什么。公司通过把它的学习能力集中在这个目标上，从而增强竞争优势。BP 重在发现大型油田和天然气田，它们能够提供潜在的增长，并带来更高的资金回报，所以发现、开发和启动它们的成本就低。而且，公司仅把重点放在能提供最好机会的 20 个国家。此外，BP 意识到不论一个企业怎么好，它只能拥有世界上最好技术的一小部分。频繁地给 BP 带来战略优势的是综合和应用技术的能力。通过类似于"虚拟团队工作"这样的项目以及 BP 快速发展的内部网（内部网中，每个技术领域有其站点，部门专家要描述他们必须提供的经验），人们联系、交流和共享知识变得容易了。

关注流程以提高生产能力

BP 选定了基于流程的扁平组织结构，这个流程与一个目标相联系，所以人们可以明白他们针对的目标是什么。管理也在流程中实现，因为每个主管和相关代表都在一个团队中工作以指导业务单元。作为有保障的过程，评论过去和未来计划要确立一个明确的观点：执行是第一位的。这个战略过程确保业务单元不断地创造合理的未来商业机会。它慢慢地向人们灌输了这种观念：竞争性的执行很重要；产生价值是每个人的工作，而且实现的方式就是把焦点放在中心问题上，包括社会价值。

开发技能以提高学习能力

鼓励公司成员学习是 BP 预见未来的秘诀。员工被赋予了很多挑战，以帮助他们鉴别和快速开发其他公司所忽视的机遇。BP 明确了创造特色必需的四个关键因素：（1）发现类似大油田、天然气田这样的资产，建立市场份额，管理大容量的观测站和占市场优势的炼油厂。（2）开发协助争夺客户的技术，开发有助于提高生产力、削减成本的技术，开发有助于捕捉和共享知识的技术。（3）建立能够高度激发员工创造活力的组织，员工能确切地理解为了创造价值应该做什么。（4）与合作者、供应商、客户和 BP 涉及的国家建立良好的关系。

人们的工作与创造价值联系了起来。他们在团队中、在非正式网络中工作，并急切地分享着知识。怎么实现呢？通过简化促进学习的过程，通过精密的计算机网络系统（它支持用户合作、接触公司的丰富的信息数据库、浏览电子黄页），通过鼓励人们把他们与愿意和其联系的人共享的兴趣、专长和经验列出来。通过设定有竞争性的可比较的目标，BP 的员工被激励去发展新的技能，并努力去实现这些目标。

第4章 知识管理与核心能力

培养专业人员以提高创造能力

产生价值是每个人的工作。按照BP的观点,工作与BP资产和客户最密切的人、业务单元的成员应该运作他们的业务。每个业务单元的管理者应建立一个年度业绩契约,它明确地描述了期望员工传递什么,而且管理者每个季度要对员工的进展做个总结评论。另外,BP还开发了许多网络,以鼓励整个组织的知识的共享。BP的技术组织被综合到业务单元中,以便解决最重要的业务问题、开发最有前景的商业机会。BP把它的技术人员的重点重新放到应用上来,而且要求他们使用最好的可利用的技术。

任务到人以提高持续能力

人的动机是绝对重要的,这也就是为什么BP总是不断地寻找新方式,以使工作保持刺激性并令人感觉愉快。他们也为其员工建立了一种有吸引力的环境,以使应届毕业生想加入他们而不是微软或Intel。因此,BP的人员是高度激发的,他们理解创造高价值的代价,明白他们行动的后果,也能体会到主人翁的感觉。他们擅长建立和使用知识资本、检索和应用存在于组织内外的知识。由于理解在每个业务中执行成绩的关键标准是什么,BP的人员总是受到挑战,开展学习。他们不懈地把这些评估标准及其相关活动作为基准,设定越来越高的目标,迎接挑战,战胜困难,实现目标。BP鼓励突破性思维。当评估机会时,BP的团队总是不停地问:"如果普通的方法或商业系统不能产生我们所需的资本回报,那么有没有其他方法?让我们挑战这些边界。"

在Teleos和Know Networ所作的European Most Admired Knowledge Enterprises(MAKE)的研究中表明,英国石油公司(British Petroleum)拿到第一的位置,从而成为欧洲最佳知识管理公司。尽管BP成功了,但它始终对变化的市场保持警觉。它在一系列构架中运用灵活战略,以考察他们正在做的与竞争者的比较,并注意世界给他们提供了什么。BP在整个公司建立了对话,他们不停地问:"我们是谁?是什么使得我们的公司与众不同?"这些问题有助于领导人与业务单元的成员讨论战略问题。正如BP

的首席执行官 John Browne 所说:"释放学习的能量是赋予 BP 瞄准未来竞争的能力。"

4.5.2 BP 独特的知识管理模式

传统的组织理论认为,基于"命令与控制"的管理策略必须透过垂直的组织体系和严格的等级制度才能得以贯彻和落实,从而实现组织的目标。在传统的工业经济中,这种严格的阶层组织模式对企业的发展非常有效。但在知识经济时代,企业中的专业知识、经验以及洞察力等这些智慧资产成为企业最重要的资产。对于这些智慧资产,单靠以往的集权化的方式来管理似乎已经行不通了,必须从根本上突破传统组织理论对企业内部范畴的局限,超越官僚式的垂直阶层制度和组织框架,转而用一种适应知识生产及其商品化的新方法,来构建扁平化、网络式甚至是非层化和虚拟式的组织体系。

美国管理学者 Morten T. Hansen 和 Bolko von Oetinger[1]通过分析研究英国石油公司的知识管理成功经验,提出了一种切实可行的企业知识管理模式—T 型知识管理模式。这种管理模式的优势在于它一方面打破了传统的组织层级,企业内的各个事业单位以及供应链上的企业可以流畅地交流、传递和分享知识(T 的水平部分),另一方面也注重其本身事业单位的绩效表现(T 的垂直部分)。成功的 T 型主管必须习惯与这种双重责任所带来的压力共处,并在压力中胜出。

为什么要靠管理者来分享知识?为何不干脆建立一套最先进的知识管理系统?原因在于这种系统有利于传递显性知识(例如日常业务所需的工作范本),即难以传递隐性知识(用来产生深入见解,以及解决问题的创意方法)。隐性知识要靠直接的人际互动来传递。光靠文件的交流,很难促成合作、产生深入的见解。而传统的以集权为主的企业中,各事业部拥

---

[1] Hansen M. T., Oetinger B. V.. Introducing T – shaped managers: knowledge management's next generation. Harvard Business Review, 2001, Vol. 79, Issue 3: 107–116.

第4章 知识管理与核心能力

有较高的自主权，虽然这会增强事业单位的责任感，激发创新，加强对当地市场的敏感度，但也会引发不同事业单位之间的竞争，不仅达不到分享知识的目的，反而会相互封锁专业知识。鼓励合作的T型管理，对于这种负面行为，将会予以强有力的制衡。英国石油公司是T型管理的一个成功探索者。为了了解T型管理的实际运作机制，下面以该公司的一位T型主管为例来进行分析。

艾吉尔是英国石油公司埃及地区的天然气事业单位主管，原先任职于阿莫科公司。加入新公司后，他很快就发现新旧雇主之间关键的差异。当遇到问题时，在原公司，艾吉尔通常向自己的上司求助。而在新公司，艾吉尔通常向其他事业单位的同侪求助，而且同样也会得到帮助。

就像公司所有的事业单位主管，艾吉尔身负双重职责。一方面，也是自己单位的CEO，负有绩效目标、财务与经费支出等重要责任。这些职责全都列在他的个人年度绩效合约中。另一方面，艾吉尔也必须参与各种跨单位的知识分享活动。他估算，这些活动大约占去他15%～20%的时间。

对于知识分享活动，艾吉尔的做法大致可以分成四类：合作、牵线、贡献意见以及听取意见。

（1）合作。艾吉尔参与的同侪小组，主管来自地中海与大西洋地区的八个事业单位，大家都把焦点放在增加天然气产量上。艾吉尔是小组负责人，负责召开会议，还要让成员针对许多高难度议题（例如资金如何分配、如何达成事业部所订出的同侪小组产量目标）取得共识。

（2）牵线。艾吉尔有时也为不同部门的同仁居中牵线。例如，某个工程师可能打电话给他，请他介绍原来在阿莫科任职的工程师，就阿莫科所擅长的特定领域征询意见。

（3）贡献意见。无论是否同属一个小组，艾吉尔都会回应其他单位主管的要求，提供意见。

（4）听取意见。全球各地都有人针对艾吉尔单位的行销计划等议题，提出明确的建议，他们都会认真听取。

根据英国石油公司成功知识管理经验，一般企业要有效促进水平管理，同时又不增加管理层级，可以通过以下几种做法来实现。

（1）创造明确的诱因。英国石油公司评估各事业单位主管，主要依据达成单位绩效目标的能力而定。但是，单位主管是否能与其他单位分享知识，也是奖励与晋升的标准之一，而且这种分享是测试一个管理者绩效与潜力的关键。至于本身单位绩效优异却吝于跨部门合作的"独行侠"，照样可以生存，只是无法再往上发展。优秀的T型管理者不只为其他单位拔刀相助，也会为自己借将求援。

（2）建立经济指标透明度。企业想要鼓励管理者求助，一个方法是透过企业的"内部标杆系统"，促进表现欠佳的单位主管主动求援。

（3）将跨单位的互动制度化。英国石油公司同侪小组的机制所以成功，关键之一就在于限制成员的上司参与。这种做法让小组聚会时，成员间既有冲突的场面，也有相互支持的时候，形成良性循环。

知识管理是新经济时代管理领域发生的一次革命。探索适合于现代企业的知识管理模式是企业面临的一项重要课题。英国石油公司的实践表明，在企业推行T型知识管理模式对解决企业知识分享与业绩提高是一条值得考虑的可行办法。

第 5 章 核心能力之源：
隐性知识及其开发

5.1 隐性知识的内涵和特点

隐性知识（tacit knowledge）的概念由波拉尼（Michael Polanyi）于20世纪50年代末60年代初首先提出。[1] 按照波拉尼的看法，能用文字和数字表示的知识仅仅是全部知识整体冰山的一角，大量的知识隐藏在冰山的下面等待人们去开发利用，即所谓的"知而不能言者众"。在波拉尼看来，隐性知识的重要性在于其包含了丰富的感知、直觉、经验、判断以及探求，如果能通过某种机制激发这种隐性知识，使其在不同主体间更好地流动与传递、交流与共享，那么隐性知识就能导向问题的解决，就能转化成编码知识而形成新的知识。大多隐性知识"只可意会，不可言传"，也即默会知识。

日本学者野中郁茨郎（Ikujiro Nonaka）认为，"隐性知识是高度个人化的知识，具有难以规范化的特点，因此，不易传递给他人"，他进一步强调知识创新的关键在于隐性知识的调用和转化，并据此提出了著名的知识螺旋模型（见图 2-5），并指出知识是通过社会化、外部化、综合化以及内在化四个过程在企业内部螺旋发展的。社会化过程是隐性知识到隐性

---

[1] Polanyi M.. The Tacit Dimension. London: Routlege & Kegan Paul, 1966.

知识的转化过程，是个体之间分享经验的过程；外部化过程是挖掘隐性知识并将其发展成编码知识的过程；综合化过程是将编码知识发展为更复杂的编码知识的过程；内在化过程是将编码知识转化为组织的隐性知识的过程。其中外部化过程和内在化过程是知识螺旋式上升的关键步骤，这两个过程均要求自身的积极参与，要求个人的主动投入。

美国学者彼得·德鲁克（P. F. Drucker）也给予隐性知识高度的重视。他认为，真正有用的知识是一种专门的知识，是关于如何做好一件事的知识，这种知识往往是不可用语言来解释的，它只能被演示证明它是存在的，学习这种知识唯一的方法是领悟和练习。

纳尔逊和温特等学者从组织理论的角度进一步扩展了隐性知识的内涵，他们认为隐性知识不仅存在于人们的头脑中，也存在于组织中，如企业文化，团队的默契、融洽和协同，组织惯例等知识。

综合上述各种观点，本书认为隐性知识是一种难于编码和度量，存储于人们头脑和企业内各级组织中的属于经验、诀窍、判断、直觉、灵感以及组织惯例的那部分知识，常隐含于过程和行动之中。这种知识由于难以规范化，难以用数字、公式和科学法则等来表达，因此不易流动与传递、交流与共享，竞争对手也很难复制和模仿，是企业"最为持久的核心能力所在"。企业隐性知识区别于显性知识的特点在于：

（1）隐性知识是个人化的知识，它从员工的工作经验中产生，是员工个人工作方法的反映。它不仅建立在群体中不同个体的性格、经历和方法相互影响的基础上，还建立在即兴发挥、反复实践和开拓性的创造行动上。它是一种企业常识。同样，它常常不同于企业经营手册上所讲述的正式方针或程序、在职培训中教授的知识或主管人员所提倡的做法。

（2）隐性知识包括内容（比如由信息产生的特定工作知识）、对于应用知识的具体环境条件的理解，以及对由知识转化为生产力的流程的掌握。

(3)隐性知识不仅包含客观成分（技术技能、相应职位的关键数据信息），还包含有主观成分（洞察力、直觉、预感等）。

(4)隐性知识通常在社会环境中产生，比如非正式的会谈，在冷饮机旁、休息和午饭时的偶然碰面，或者工作后的聚会。作为团体交流和员工协作的产物，隐性知识来源于群体的工作经验。群体在相互影响的过程中扩大了实践的范畴和集体的知识，从而使在这一群体中的任何人都能利用和吸收知识库中的知识。但是这种隐性知识不会在这一群体外存在，除非其有意与外界分享。

(5)一些隐性知识看起来像是员工行为中很自然的一部分，以至于他们自己都意识不到他们拥有这部分知识，因此也就不能清楚地描述它。隐性知识的这一特点提醒我们，如果要想把它收集起来为他人所用的话，必须找出一些提取这类知识（换句话说，就是能把它清晰地表达出来）的有效分析手段。例如，员工也许知道在向决策者表达自己的想法之前，应该给这位决策者周围最有影响力的同事写一份礼貌且充满睿智的信，但他可能并不愿意将这一举动作为隐性知识的一部分。

5.2 隐性知识的类型

在对知识的分类研究中，将知识分为编码化知识和隐性知识的分类方法得到了普遍的认同，但这种分类方法没有揭示出编码化知识和隐性知识的边界。汪应洛教授基于知识的转移方式，将隐性知识分为真隐性知识和伪隐性知识，并提出了隐性知识存在语言调制及联结学习两种转移方式。Lerothy等学者基于知识载体的不同，将隐性知识细分为个体隐性知识和集体隐性知识。英国学者布鲁金则把隐性知识划分为默认的知识和暗含的知识，默认知识是指存在于个人身上并被个人所利用的、但又很难解释或用文字表达出来的知识；暗含知识是指隐含在组织操作过程、经营方式，甚至企业文化中的知识，这类知识存在的载体是组织体而非成员个体。布鲁金的这种划分方法与将智力资本分解为人力资本与结构资本是相通的。Maula将隐性知识划分为半编码化知识和不可编码化知识,其中半编码化知识是指低显性、低数字化的知识,如隐喻、多媒体、网络交流等结构化程度较低的知识。

上述分类方法虽然形式不同,其实质是一致的。本文从隐性知识的内涵和特性出发,在他人对隐性知识分类的基础上,将其细分为个人技巧、心智模式、潜智、组织惯例以及公司直觉五种类型。

(1) 个人技巧。"个人技巧"被定义为个人协调一致地进行某种活动的行为能力。许多技巧是很难用语言解释清楚的,如体操中的高难度动作、做精巧的木匠活、驾驶汽车、操作计算机等。技巧的掌握只有通过反复实践,从中去感受和体验。按照纳尔逊和温特的看法,技巧是程序化的,它们涉及一系列步骤,每一个连续的步骤都是由前一步的完成引起的,并紧跟在前一步完成的后面;其次,有技巧地完成某事情的基础知识,在很大程度上是说不出来的知识,即完成者并不完全知道完成的事情的细节,而且发现很难或不可能清楚地充分说明那些细节;再者,运用一种技巧往往要作出许多"选择",但在相当大的程度上,选择是自动进行的,人们并不知道选择正在进行。

(2) 心智模式。"心智模式"是根植于人们心中,影响人们了解世界,以及如何采取行动的许多假设、成见、价值观、信仰、观念或图像、印象等。在管理过程中,许多好的构想往往无法付诸实施,常常是因为它和人们深植心中、对于周围世界如何运作的看法和行为相抵触。我们通常不易觉察自己的心智模式,以及它对行动的影响。例如,对于常说笑话的人,我们可能认为他乐观豁达;平常不修边幅的人,我们可能觉得他不在乎别人的想法。在管理的许多决策中,决定什么可以做或什么不可以做,也常常是一种根深蒂固的心智模式在起作用。可见,心智模式是一种隐性知识。

(3) 潜智。潜智是一种潜在形式的专有知识,是来源于生活的直接经验，是通过实践和模拟经验而形成的系统的知识。具有潜智的人，善于解决实践的、现实的和比较急迫的问题。在一些人看来是无头绪的问题，具有潜智的人也许在几分钟内就能够解决。而一旦问题得到解决，其解决问题的方法就一目了然。因此，潜智更多地依赖于智慧，它来源于专门的知识但又不仅仅是实践的体验，它是对复杂互动关系的深刻领会，并基于对这种复杂系统的理解而作出迅速而专业的决策能力。

（4）组织惯例。企业许多隐性知识存于组织的惯例中。惯例是行为者多次互动所形成的一种行为规范。正如个人技能一样，组织的知识也是通过学习得来的。但组织学习是一个社会的和集体的过程，它不仅通过个人之间的模仿，而且通过对理解和解决复杂问题的共同努力。由于这种集体行为的复杂性，嵌入在惯例中的知识都是隐性知识，即组织成员并没有完全意识到操作的细节知识，而且很难或不可能把这些细节知识全部用语言表达清楚。在一个公司中，某一个员工不可能拥有组织的所有知识，以惯例为基础的知识由许多人共同组成，某一个人的知识是不完整的。因此，竞争对手单靠挖一两个人来复制和模仿企业的组织惯例是不可能的，基于组织惯例的隐性知识成为了企业持续竞争优势的基础。表5-1列举出部分学者对组织惯例的定义。

表5-1 组织惯例的定义

提出者	组织惯例的定义及其属性
Nelson & Winter (1982)	"惯例通常是指整个组织中可重复的行为模式，是个人技术，或者作为一个程序，使组织或个人的行为更有效。" 惯例是"企业所有习惯性的及可预期的行为模式的统称"。 "惯例在本质上是不需仔细思考或进行选择就能自动执行的"
Levitt & March (1988)	"'惯例'这一术语包括各种形式、规则、程序、习俗、策略及技术等，组织依此建立并因此而运行。它同时还包括各种信念结构、框架、典范、法规、文化及知识，从而对正规的惯例进行支撑、阐述"

续表

提出者	组织惯例的定义及其属性
Pentland & Rueter (1994)	惯例是"可以被视为一系列不必固定的可能模式,且是自动形成的"。这种定义是纳尔逊和温特(1982)所述观点及社会学家观点(Giddens, 1984)的折中,社会学家认为惯例是通过努力形成的,且不是自动形成的。"很难对惯例进行研究,因为它在本质上是一种社会行为模式"
Bobert M. Grant (1996)	一个组织的惯例是"一种协作机制,不依赖于显性知识的交流需求"
Johnson & Scholes (1997)	惯例是"我们做事的方式"
Cohen & Bacdayan (1994)	组织惯例是"多重行为,在各种行为顺序之间形成互为锁链的关系并达至互惠"。它们"通常是不断重复的行为顺序"。 惯例"指明了组织行为的固有模式,而我们则是通过'标准的运行程序'来识别惯例,而这些程序均更模式化和标准化"。 "个人会将他们在组织惯例中所占的那部分存储在他们的过程性记忆中"。 惯例"难于观察、分析和描述"。 惯例被存储于过程性记忆中,亦即"有关如何做的记忆是相对自动及难于表述的,包括认知和运动机能"。 惯例是自然产生的,是依赖于历史的。 "由个人所把持的惯例部分通常难于表述"
Spender (1996)	惯例与实践相关
Dodgson (993)	"惯例的概念包含组织行为"
Ashford & Fried (1988)	惯例通过组织中个体成员的认知结构来维持
Teece (1990)	"惯例不能进行编纂"。他们构成了企业特性的基础
Spender & Baumard (1995)	组织惯例是部分隐性的
Miller (1996)	"惯例会导致惰性、视野狭隘、机构呆板"

资料来源:Ambrosini V..Tacit and Ambiguous Resources as Sources of Competitive Advantage. Basingstoke:Palgrave, 2003.

(5)公司直觉。公司直觉是公司克服自身经验的弱点并对市场机会、客户需求和市场竞争作出及时、正确和有效反应的本能,而不是凭经验处理事情。公司直觉把获得的潜在性智力运用于未知的境遇，这一运用是自发的、未经琢磨的。企业要获得公司直觉，需要掌握八个要点，即在悉知前行动；共享知识，而非强加知识（当很多人根据结合在一起的直觉作出反应时，他们所表达的才是真正的公司直觉）；成为机敏企业；创造过程资产；使直觉透明化；有组织而无结构；无首脑决策；提高速度和时间回报率。

上述隐性知识分类中，个人技巧、心智模式、潜智属于个体隐性知识。组织惯例、公司直觉等属于集体隐性知识。个体隐性知识是与个体成员有密切关系的，它依附于个体，体现在个体的行动中。集体隐性知识体现在组织中，是群体成员在长期公共交往中逐步发展和积累起来的一种组织惯例。在企业中，集体隐性知识逐步演化为企业文化中最具特色的组成部分，成为企业成员认同的"准则"。对于企业来说，这种集体的隐性知识越是广泛和深厚，竞争对手越难以模仿和复制。

5.3 隐性知识与持续竞争优势

如前所述，由于编码化知识容易沟通和共享，也极易被竞争对手复制和模仿，所以，对于企业来说，编码化知识显然不可能形成持续的竞争优势。研究表明，企业实施知识管理效果不佳的主要原因是过于注重编码化知识的管理，比如，很多企业将重点放在建立完善的计算机信息系统和数据库系统等硬件设施上，试图通过计算机这个平台来实现对知识的开发利用。但是，在企业中，经验、技能和心智模式等这些隐性知识由于其巨大的客户价值、稀缺性、不易模仿性和复制性，因此成为了企业持续竞争优势的真正源泉。隐性知识的属性与持续竞争优势的关系可以由图 5-1 来表示。

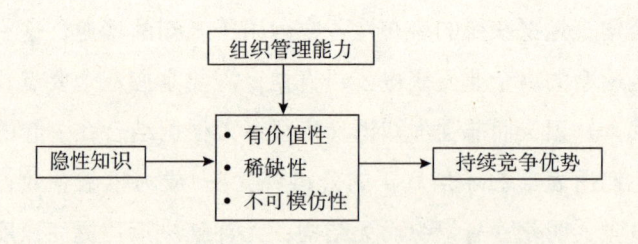

```
         组织管理能力
              ↓
          • 有价值性
  隐性知识 → • 稀缺性   → 持续竞争优势
          • 不可模仿性
```

图 5-1　隐性知识与持续竞争优势之间的关系

(1) 巨大的客户价值

企业所拥有的知识的客户价值是理解竞争优势源泉的首要考虑。按照波特教授的观点，企业有两种基本的竞争战略可供选择，即成本领先战略和差异化战略。前者是基于价格的竞争，而后者是基于价值的竞争。在市场竞争中，尽管价格是企业竞争的主要手段，但在差异化市场上，商家向客户提供的知识才是决定其竞争优势的关键要素。实际上，对客户最有价值的是使他们拥有更多的知识，帮助他们作出更佳的决策，提高他们的能力。在商业环境下，知识的确是"有效的行动能力"，这便意味着它为人所拥有和垄断，而不是文件、数据库等。信息系统对信息的查询与获取具有价值，但只有在人与人之间建立了直接或间接的联系和关系后，知识才能被创造，才会更有价值。正因为如此，在开发基于知识的客户关系中最有效的方式是理解知识的本质，理解人们如何获取和发展自己的对世界的认识，以及如何学会更有效的互动。人们之间的互动是隐性知识共享的核心。

(2) 稀缺性

如果一种知识有价值，但却能通过诸如公开市场等途径十分方便地被竞争对手获得，或者由众多竞争企业所控制，那么这种知识就不可能成为任何一家企业持续竞争优势的源泉。因此，一种知识要成为持续竞争优势的源泉，还必须是稀缺的。隐性知识是企业在长期的经营活动中以特定的方式，沿着特定的技术轨迹逐步积累起来的，它不仅与企业独特的技能与诀窍等技术特性高度相关，还深深印上了企业组织管理、市场营销以及企业文化等诸多方面的特殊烙印,其他企业很难在市场中购买到,具有很强的唯一性。因此,隐性知识的这种稀缺性和唯一性为企业获得持续竞争优势提供了可能性。

(3) 难以模仿性和复制性

企业之所以获得持续竞争优势,其隐性知识的难以模仿性和复制性也有显著的作用。首先,企业隐性知识的价值比大多数其他资源难以评价,其含义模糊。尽管确认企业在哪些方面比竞争对手做得好是可能的,但要识别出这个企业为什么会做得比自己好,从而去加以模仿和复制,通常是非常困难的。其次,企业隐性知识还表现在它是许多不同单位或个人相互作用产生的。这些相互作用很可能与不同的个人的心理、文化素养、情绪等密切相关,通常重复出现的概率很小。再次,隐性知识是企业特殊历史进程的产物,与企业特有的历史及文化遗产相联系,复制历史是不可能的。最后,隐性知识的形成是企业长期不断学习积累的结果,很难通过要素市场交易直接获得,这也使隐性知识的拥有者得以保持长久的竞争优势。

(4) 组织管理能力

企业持续竞争优势潜力依赖于其隐性知识的价值性、稀缺性以及难以模仿和复制性。然而,为了充分实现这种潜力,企业必须具备一定的组织管理能力开发利用这些隐性知识。这里所说的组织管理能力主要是指为企业隐性知识积累、流动、转化、创新与应用提供和创建良好的机制、体制、文化氛围、各种有利环境和技术条件等。

5.4 隐性知识开发利用的影响因素分析

根据日本学者野中郁次郎的研究,在知识的开发利用(转化)中,最困难的环节是隐性知识外化为编码化知识过程。造成这种困难性的原因有多种。本书根据已有的研究成果,并结合笔者的研究,将影响隐性知识开发利用的因素归纳为以下几个方面。

(1) 隐性知识的难以表达和编码性

隐性知识本身所具有的隐含性、难以表达和编码性决定了这种知识只能意会，不能言传，或只能用言语部分地表达。正如柯特（Kought）和赞德（Zander）所言，如果隐性知识处于未编码阶段，它们只能通过使用而被观察到，通过实践来习得，它们的传递是缓慢的、不确定的，且是代价高昂的。德鲁克认为，"学习这种知识唯一的方法是领悟和练习"。一个篮球投手知道如何把球灌入篮筐，但是却不能足够明确地向其他学篮球的人描述他是如何投篮的。这样的知识无法用人的身体之外的其他东西来予以表述。一位掌握某项工艺诀窍的熟练工匠可以很轻松地通过操作演示其技能，却无法用语言清晰、准确地表达出该诀窍以及是如何掌握该诀窍的，学徒只能靠实践摸索才能从工匠那里继承知识。可见，隐性知识的难以表达和编码性防碍了隐性知识的交流和共享。

(2) 知识垄断

如果仅仅某个人或者某个团体掌握了他人需要的知识，这就是一种"知识垄断"行为。由于担心将自己掌握的知识贡献出来会使自己失去竞争优势，因此，人们往往对于具有商业价值的思想、技术或信息进行垄断和控制，以此来确保或提升自身的地位。出于利己主义的角度，这些拥有知识控制权的人，愿意"出租"自己的专长去完成某项工作，或者是解决某个难题，而不愿出售他们控制的知识（除非很高的售价），更不愿无偿贡献出来与别人共享。因为一旦出售或贡献出来，他们将失去知识的垄断地位。可见，员工对知识的垄断在一定程度上阻碍了隐性知识在企业中自由和顺畅地流动和传播。

(3) 人为的"知识稀缺"

从经济学的角度看，"知识稀缺"是指企业知识的供给不足。一般情况下，如果一个公司里某个人或者某个集团控制知识不放手的现象广为存在的话，就会形成知识稀缺现象。实际上，知识稀缺并不是因为公司缺少知识，而是由于存在于公司中的知识难以获取。机构或者人员的精简也会产生"知识稀缺"现象，因为有些被辞退的员工恰恰掌握着至关重要的知识，而丧失这一知识的代价又很高昂。于是公司除了重新聘用被解聘的员工或者另行购买此项技术外，别无他法。比如，冷战结束后，美国的国防工业进入紧缩时期，许多公司以"提前退休"的方式来实现其裁员计划，并由此流失了大量的知识。最后，这些公司不得不重新聘用这些他们曾予以抛弃的员工们（这时往往要付出更高昂的代价）。

(4) 知识不对称现象

在企业中经常一方面某部门存在大量的知识，另一方面其他部门又缺乏这些知识。由于企业缺少知识分布图和知识结构图来指导知识供需双方的接触，员工不知道到哪儿去找所需要的知识。比如，企业战略方面的知识可能存在于专家手中，但是企业的高层管理者尽管也需要这些知识，却很难得到。出现这种问题往往是由于知识不对称原因引起的，而非知识稀缺所造成。知识的不对称将在买家需求知识时阻碍知识的获取，买家和卖家将不会实现交流。组织中总是存在知识的丰饶和匮乏，问题通常不在于纯粹的不足，而在于其与信息模式、购买力和分配体制等密切相关。

(5) 缺乏信用体系

根据达文波特的看法，"信用"指的是"相信"和"信任"。"信用"是知识交流和共享的基础，是最重要的因素。如果企业内部缺乏信用，相互提防，那么企业内部的知识共享和交流的效率会很低。因此，要激励人们愿意共享自己所拥有的知识，必须保障在企业的各个部门盛行相互讲信用的风气，不仅使人们相信个人贡献出来的知识不会被他人盗用或滥用，而且要让员工看到知识交流和共享所带来的益处，这有赖于完善的信用体系的建立。要建立人与人之间的信用体系，需要有三个条件：一是信用必须是有形的。企业成员必须能看到人们因为分享知识而获得荣誉。他们必须直接体验到"互惠性"；二是"信用"必须是全面而且彻底的。如果部分知识市场中没有信用，那么整个知识市场将会降低效能；三是"信用"

必须从领导层做起。如果领导层人员之间讲信用，那么信用氛围将充满整个公司。如果他们一味盘剥他人知识，那么猜疑将会在全公司蔓延。

(6) 组织体制的制约

以"官僚制"为主的传统组织结构相对稳定，组织成员之间的关系性质、相对地位、信息结构等较少变化，分工明确，职责清晰。员工的工作被企业预先安排，定格在一个狭窄的范围内。员工之间没有或很少有超越命令和控制以外的接触和交流，甚至超越岗位的接触和交流被认为是越权行为而加以遏制。而隐性知识的交流和共享却需要一个相对轻松自由的工作环境。显然传统的组织结构不利于隐性知识的交流和共享。

除了以上因素外，企业高层管理者对隐性知识的重要性和复杂性认识不足、缺乏便利的网络通信手段、缺少有效的激励机制等都可能影响未编码知识的交流、共享和创新。

5.5 隐性知识的开发策略

由于编码化知识容易沟通和共享，也极易被竞争对手复制和模仿，所以，对于企业来说，编码化知识显然不可能形成持续的竞争优势。在企业中，经验、技能和心智模式等这类隐性知识由于不易被对手复制和模仿，因此成为了企业最为持久的核心能力所在。所以，知识管理的核心内涵是发掘员工头脑中的隐性知识，使其转化为企业持续竞争优势的源泉。与编码化知识不同，对隐性知识的开发利用，可以通过诸如同有经验的专家一道工作、发挥非正式团体的作用、发挥网络的沟通作用、建立学习型历史文献、构建企业内部知识市场以及建立有效的激励机制等方式来实现，下面分别予以详述。

(1) 与有经验的专家一同工作

员工与有经验的专家一同工作，在积累自身经验的同时，通过观察专家的思想和工作过程，会逐渐建立起良好的心智模式以及处理问题的方式。这一点非常重要。专家一般对问题有较深刻的理解，知识接受者通过观察专家的工作过程，可以领会专家是如何分析、判断和处理问题的。与专家一同工作，专家还可以纠正知识接受者不良的心智模式和不正确的处理问题的方式。这要比员工单纯的"试错学习"有效得多。"试错学习"的方式尽管很有价值，但是过程太漫长，而且有时这种"试错"的代价太大。如果有经验丰富和判断准确的专家的协助，则可以大大促进学习效率和效果。最有意义的情况是，当知识接受者对某一情形形成概念并且对行动的进程提出自己的想法和建议时，专家可以对知识接受者的想法和观点进行评论，来帮助知识接受者建立良好的心智模式和处理问题的方式。

当然，对企业员工来说，专家专门的指导训练毕竟范围是有限的。比较有效的方法是，管理者首先接受专家的专门指导，使其先学会指导员工，再通过管理者指导员工，来扩大未编码知识的传播范围。这种方法的有效性很大程度上依赖于是否将管理者对下属的指导情况作为对管理者考评的重要指标。另一种方式是采取小组讨论的形式，这种方式的优点是成本相对于面对面的指导方式要低很多。小组成员在一起时，他们有机会观察其他成员怎样思考、如何形成概念、如何处理问题以及如何评估解决方案等。讨论中大家可以相互交流经验，分享奇闻逸事，分享彼此的感受，这样不仅可以分享未编码知识，而且在多种隐性知识的整合中还可以产生新的想法和观点，因此小组能够开发出比个体更具创造性的解决问题的方案来。典型的例子是医院的会诊，每一个参加者都有机会发表对病例的看法和意见，倾听别人的处理意见，尤其是专家处理病例的意见，从而达到隐性知识的交流和共享。

（2）发挥非正式团体的作用

组织中的团体分为正式团体和非正式团体。正式团体作为组织中大部分编码化知识创造和传播的有效形式，已经被企业广泛采用，但正式团体在传播隐性知识方面往往缺乏效率，原因可能是基于正式的制度、规则、命令、程序等的正式团体的协调和激励机制还不足以使个体成员共享自己所拥有的隐性知识。而基于信任和互惠关系建立起来的非正式团体，可以很好地协调个体间不同利益和动机，使个体成员自愿地进行知识交流，而且管理协调成本很低，因此，非正式团体在隐性知识的传播中发挥着越来越重要的作用。据调查，员工在工作场所所获取的知识中，有70%来自于非正式团体成员的交流和沟通。非正式团体成员的交流往往以沟通感情、娱乐、休闲为主要目的，他们常常在一起吃饭、娱乐、聊天，但却无意中传播了隐性知识。隐性知识的这种非正式传播由于不必受到规定手续或形式的种种限制，因此往往比正式的传播还要重要。在美国，这种途径常常称为"葡萄藤"（grapevine），用以形容它枝茂叶盛，随处可伸。作为企业应该充分了解和利用这种非正式团体，使其有效担负起沟通的重要作用。例如，主管者可以设法去发现在非正式沟通中的网状模式中，谁处于核心和"转播站"的地位，以使个体隐性知识更迅速地传播成为集体的隐性知识（组织惯例）。

非正式团体经过一定时间后会变得较为正式，他们会定期或不定期地举办一些论坛、研讨会和知识交流会。这些活动带有较为明确的知识传播目的，因此成为非正式团体中隐性知识传播的有效形式。公司如果对非正式团体给予一定的支持，如提供必要的资金、场所、设备、承认他们的贡献等，则这种团队在开发和传播公司隐性知识方面具有很大的潜力可挖。英国石油公司的做法就值得借鉴。该公司认识到，单靠先进的知识管理系统是难以传递用来产生深入见解，以及解决问题的创意方法的隐性知识，因此，从1992年年初，公司鼓励各事业单位可以根据自己的业务性质、专业互补性以及彼此的兴趣领域组建灵活的"同侪小组"，每组由大约12个业务性质相近的单位主管组成，定期聚会，讨论业务上面临的各种挑战。最不寻常的一点是，高层主管不能参加这些聚会，让与会者因此增加了坦诚分享知识的机会。公司还给予同侪小组更大的自主权，如每个小组可以负责分配组内各单位之间的经费资源，可以制定各单位的绩效目标。

(3) 利用社会性软件变革隐性知识的传播方式

社会性软件（social software）是伴随互联网的产生而出现的新概念，其特点是在功能上能够反映和促进真实社会关系的发展和交往活动的形成，使人们的活动与软件的功能融为一体。如同经济活动中的商业联系网络结构、生态系统中的食物链结构一样，互联网时代社会性软件所构建的人与人之间的"弱链接"在人们的生活中发挥越来越重要的作用。

社会性软件从早期的诸如 Email、Usenet、Newsgroup、Chatroom、Instant messaging、Bulletin boards、Multi-user game 等功能较简单的软件，发展到 U-Ufriend、Meetup、Blog、Wiki、Wallop、Facebook、Twitter、微博、微信等，功能不断趋于完善，涵盖从个人导向到群体导向，从简单的通信到群体的网络协同作业，以及计算机支持协同工作（CSCW）等众多方面。由于社会性软件本身将人与软件功能集于一体的特点，使知识的获取变得十分的可行和便捷。例如，通过 QQ、MNS、微博、微信等可以达到及时联络交流的目的，通过 BLOG 可以很快挖掘、发现网络领域专家以及专家所关注研究的内容，通过 RSS，利用新闻器可以大大提升知识获取和更新的速度。

另外，人们借助网络进行交流和沟通，可以减少许多不必要的面对面的接触，而且更有效率。BP 和微软的实践表明，网络时代，成员间基于网络的虚拟接触与面对面的直接接触对于隐性知识的传递共享同样有效，关键在于正确地运用。通过网络交流的优点还在于，它消除了组织内部员工在面对面接触时由于等级观念、价值观念差异而导致的沟通障碍。可见，社会性软件对隐性知识的传播和共享提供了极度友好的支持。

(4) 建立学习型历史文献❶

建立学习型历史文献是开发利用隐性知识非常有效的方式。学习型历史文献是关于公司诸如变革、推出新产品、或者创新等重大事件的描述。

---

❶ 关于建立学习型历史文献的详细论述，见：Kleiner A., Roth G.. How to make experience your company's best teacher. Harvard Business Review, 1997, Vol. 75, No. 5: 172-177.

它把企业新近发生的重大事件都记录下来，每件事都用两栏表示。其中文献的右栏是相关人士所描述的事件，这些人或者参与了这些事件，或者考察了这些事件，或者受到事件的影响。在文献的左栏中，学习型历史文献专家（训练有素的外部专家、知识渊博的内部人士）试图指出文献里反复出现的主题，提出有关其假设和含义的问题，并揭示出隐藏在右栏叙述中的"不可讨论的"问题。与最佳实践不同，学习型历史文献能涉及出现的错误和成功背后的逻辑和假设。

学习型历史文献完成之后，可以被用作群体（当事者和学习者）讨论的基础。例如，关于某部门成功开发新产品的学习型历史文献，可以被另一个即将开发新产品的部门用来激发创意。第二个部门的成员被要求阅读学习型历史文献，标出令其兴奋、困惑或迷恋的部分。这些人以小组的形式举行会议，对导致第一个部门成功的思维过程进行深入讨论，以便本部门对即将面临的关键选择有更好的理解。

从总体上看，学习型历史文献有四个积极效果。第一，它能够建立信任。而随着信任程度的提高，企业就会创造一个更有利于学习的环境，特别是有利于集体学习的环境，因为这种学习依赖于思想的交流和共享；第二，它在提出问题方面特别有效。由于文献右侧栏的观点是匿名的，左侧栏的评论犀利而中肯，所以，学习型历史文献为更公正地讨论复杂问题提供了条件；第三，它能够有效地把知识从企业中的一个地方转移到另一个地方；第四，学习型历史文献还有助于建立一套综合的管理知识，告诉我们哪些方法奏效，哪些方法不行。学习型历史文献的直接目的是分析某个事件，但是它们发掘出来的企业隐性知识远远超出事件的本身。

（5）构建企业内部的知识市场

隐性知识的共享、传递，必须在一定的驱动力下才能实现，这个驱动力就是市场机制。市场机制像作用于有形商品一样推动知识的"运行"。实际上，企业中确实存在着一个与商品市场和服务市场相类似的知识市场。这个知识市场里有讨价还价的"买家"与"卖家"，有将买卖双方撮合在一起的"中介商",甚至还有能够运用市场知识创建无形产业的"企业家"。企业内部知识的买家通常是那些为了解决问题而寻找知识的员工,所寻找的知识能帮助他们更有效地完成任务,或者提高他们的判断力和技能,也就是能帮助他们在工作中取得更大的成功;卖家是那些掌握了某些方面知识的人,这些人用他们所拥有的知识来换取薪水、声誉和地位等;中介商把需要知识和拥有知识的人联系在一起。从广义上来说,企业中很多跨部门的管理人员以及企业资料室的管理员就是知识市场的中介商。知识市场的参与者在其中进行交易是基于这样一种期望:他们能够以某种方式从中获益。用经济学术语来说,他们期望这种交易能够产生"边际效用"。

企业内部知识市场也有其价格体系,这种价格体系中酬劳的支付方式主要有:①互惠性。员工期望在将知识传授给他人的同时,也反过来从他人处获得知识。通过这种互惠方式来进行知识交换,形成知识共享;②个人声誉。知识的卖方希望他们在传授个人拥有的知识和经验的同时,树立自己的声誉。这种无形的声誉能给其带来有形的收益,例如工作的稳定性、薪水的提高等;③信任。在对知识市场具有积极影响的所有因素中,"信任"因素至关重要。没有"信任",知识市场就不可能有效运转。知识市场——其中不存在书面的合同,也没有法律的约束——的基础就是信任,相互信任是知识交易的灵魂。企业必须保障相互信任普遍存在于企业的各个部门,如果企业的某部门内部缺乏信任,则整个知识市场在某些方面效率会非常低。

(6) 建立有效的知识激励机制

为有效地开发利用隐性知识,激励问题尤为值得企业知识管理者关注。一般而言,隐性知识的形成,是个人的经验、对事物的感悟和深层次的理解等方面的长期积累和创造的结果,是投入了巨大成本的。知识拥有者出于自身利益的考虑,往往有意"垄断"知识,而企业则希望员工将自己的知识贡献出来,与大家分享。为解决这一矛盾,就必须设计一套好的激励系统，使员工乐于创新知识、共享知识和应用知识。比较有效的做法有：①建立员工知识成果的申报制度。要求员工定期（如每月末）向其主管部门申报近一个月来的知识创新、共享和应用成果，并将其作为员工考评的重要依据之一；②建立员工知识成果的稽核制度。要求主管人员定期地将员工申报的知识成果予以核实，并评价其价值，填写稽核单，送交知识管理部门予以参考；③知识薪酬支付制度。将知识成果与收益紧密联系起来，通过增发薪水与酬金来激励企业员工；④建立合理的知识晋升制度，如晋级、升职、向重要部门转移、由技术部门向管理部门迁职等；⑤员工淘汰制度。对于不能实现企业知识管理目标的员工应建立淘汰机制，从反面推进未编码知识的开发和利用。

5.6 案例分析：日本前川公司隐性知识开发与管理[1]

在 20 世纪 80 年代初，为了对产业与日俱增的劳动成本作出反应，食品加工公司认识到，他们必须通过自动化来提高生产过程的效益和效率。前川的想法是开发一种自动化的鸡肉剔骨机。但鸡的解剖过程基于难得的隐性知识，它被少数鸡解剖专家掌握。前川答应帮助企业实行自动化，凡是被选中的涉及鸡解剖的公司都向这种供应商的工程师们敞开大门。这些工程师在鸡解剖的工艺上花了几个月的时间，观察专家们是怎样操作的。经过八年的开发过程，认真吸收了隐性知识，他们终于获得了解剖鸡的技术，以及机械和机器人技术。前川利用鸡肉剔骨机确实实现了预期的回报。鸡剔骨工艺成了历史上最伟大的成就之一。然而，既然前川已经满足了顾客的需求，它的顾客却不愿意向其他竞争者公开自己。这种隐性知识

---

[1] 本案例取材于 von Krogh G., Ichijo K., Nonaka I.. Enabling Knowledge Creation: How to Unlock the Myster of Tacit Knowledge and Release the Power of Innovation. New York: Oxford University Press, 2000. 经作者整理而成。

第 5 章 核心能力之源：隐性知识及其开发

的源泉还是令那些消费者可望而不可即。在这样的竞争形势下，企图仿效几乎是不可能的。

（1）前川公司如何引导谈话

前川公司（或前川制作所）自 1924 年创立以来一直开发和生产工业用冷冻装置，在这一领域该产品在全球是无人匹敌的。在前川公司，经常举行各种会议，并且鼓励雇员们进行面对面的谈话。然而，公司的执行官们认为，谈话需要探讨更深层次的问题，而不仅仅是那些在会议形式或非正式聚会中讨论的表面化话题：他们认为至关重要的事是，了解存在于表述出来的词语背后的隐性想法、信心和感觉是什么，这样参与谈话的这些人之间才能达到相互理解。

为此目的，公司许多项目的专门工作组——或像在前川公司内所称呼的独立企业一样——都被要求每年总结一份一张信纸大小的年度业务计划。这些业务计划在有关的独立企业聚集的会议上散发，而与会者在报告文件的附页上列出他们认为在书面词语背后还有的隐含想法。通过坚持这种做法，前川公司建立了发展共同理解或在公司内思想语言的基础。这一进程被描述为"通过一起工作来探讨所有一切"（前川，1994）。确实，仅仅在独立的企业之间，不会出现计划相似的情况。所有与企业"集团"有关的计划都要被审查，并在最高层管理集团对每一个计划做相互比较，以便在他们之间达成一致。因此，在前川公司，业务计划是通过在三个结构层次上（企业、集团和最高管理集团）的讨论而制订出来的。

年度业务计划还有助于鼓励组织机构成员之间在更深层次水平的谈话。每一个计划应该对相关独立企业在近期（未来三年）的业务提出一个形象化的描述，陈述企业在下一年期间应该采取的发展方向，以及提交一个贯彻落实的计划。当每一个独立企业的业务计划被公诸于相关领域的其他企业时，根据前川研究所的岩崎良夫提供的资料，该业务计划将彻底受到其他企业的审查和批评。但是，由于这些计划原来只规定写在一张纸上，因此，这些计划中所包含的信息量就受到限制。在这种情况下，统计数据并不非常重要。根据岩崎先生的看法，前川公司的人们所重视的是"以隐性知识为基础的交流"：

> "我们的业务计划来自于我们的头脑。即使计划的表述很粗糙，如果它包含了一定的信心，计划仍会受到高度评价。当我看到该计划时，这样的信心就在我脑海里浮现。在他们的隐性知识领域所预示的某些东西必须在我们的隐性知识领域中被接受。否则，我们将会在交流中面临完全受挫。"

在前川公司，同客户的谈话提供了另一种知识源泉。人们并不请求提供统计数据来了解市场趋向，他们真正所依靠的是与客户的相互作用，尽管把这种相互作用转化为一个业务计划不是件容易的事。前川公司的执行官们必须在与客户讨论的基础上显现出特有的信心，然后简要地总结这些谈话，把这些信心写在一张纸上。此外，这样的信心必须代表他们其他的独立企业所相信的东西，而不仅是某一位经理人员的主意。简言之，一旦业务计划公诸于众，独立企业的所有成员必须共享这同样的信心。当他们与其他成员在专心致志于建立实现知识创新共享的环境时，他们与其他成员所积累和谈论着同样的经验。这就是说，他们经常与客户相互影响，从他们的经验中扩大他们自己的信心，然后表达出来，并使之与其他成员们分享。

（2）前川公司的独立企业

自20世纪20年代创建以来，前川公司已经经历了多次机构组织的变革。尽管在探索这个永无休止的争论的途径有所不同，但前川公司像索尼公司一样，力图使灵活性与公司的统一保持平衡。我们集中注意前川公司通过专门工作组——或它的独立公司为开发新产品所作的工作。然而，这一结构体系独特的原因在于相关的实体拥有比标准的专门工作组更多的自主性和权力。下面我们将考察前川公司如何组织它的独立公司，以及探讨与客户分享隐性知识的问题。

当前川公司继续加强其在工业制冷领域的地位时，该公司还一直对客

第 5 章　核心能力之源：隐性知识及其开发

户想要说的东西作出反应：把制冷体系和热转换技术运用到其他领域。结果，前川公司把其服务和技术的活动范围扩大到能源、食品加工和超低温设备领域。公司制造几百种型号的工业用制冷设备，前川公司的商标众所周知，而且它们说明了从日本出口的工业制冷设备有 90% 以上是前川公司的产品。该公司的工业制冷设备约占世界市场 30% 的份额。虽然整个工业遭受了 20 世纪 90 年代亚洲经济低迷的影响，但前川公司继续获得丰厚的利润。1998 年前川公司的销售额达 9.31 亿美元，净收入达 1600 万美元。

令人惊奇的是，前川公司的总部单位只有约 70 名雇员。他们的职能仅限于诸如给它的独立公司提供必需的信息、财务目标及技术支持一类的任务。前川公司的总部单位座落在东京东南部江东区的一幢翻新的公寓里。公寓里还有前川各独立公司的办公室。看上去，公司总部似乎只是另外一个租房户。在接待大厅里，各独立公司和总部各部门的金属牌子都钉在墙上，并没有什么区别。有形空间本身标志着前川公司独特的机构组织结构，其中总部单位是从属于各独立公司的。前川公司于 1970 年开始实行这一管理体系，以便让每一个独立公司在没有总部任何干预的情况下，对地区市场的需求作出充分的反应。

各公司以产品和市场的类型来分类，按自我保障的会计制度来运营。目前，前川公司在日本有 80 家这样的独立公司，在其他国家有 23 家。鉴于前川公司约有 2500 名雇员，平均每一个独立公司的雇员人数约为 25 人。在任何一家其他公司，这些独立公司也许被认为只是分部的办公室或子公司，但在前川公司却不是。公司的雇员共同分享类似的公司价值观，并相信每一个独立公司都是前川公司的组成部分。在这个意义上，前川公司只是作为一个集体而存在，在这个集体中，约一百个独立公司的每一个公司都参与到整个实现知识创新的环境中。

每一个独立公司都全权负责它们自己的经营管理，其最终目标是对分管地区的需求作出反应。每一个公司的职能范围——诸如设计、制造、销售、市场营销、提供服务、总务和会计——都是由有限的雇员人数来承担，而每一个员工得负责两到三项职能。这种方式，一种企业家式的公司文化在前川公司得到培育，它意味着所有为独立公司工作的员工在他们互相依靠的同时，又是积极的企业家。这种企业家式的文化也延伸到独立公司之间的关系。尽管每一个公司是自主的机构组织，但他们还是与其他公司紧密联系在一起。前川公司的各独立公司按照地区和产业市场被组合成几个超大集团。每一个集团由几个独立公司组成，独立公司的总裁们定期聚会。前川食品加工工程公司总裁，村上顺解释说：

"当你成为独立公司的经理，并致力于对特定地区的需求作出反应时，你将意识到你的独立公司的局限性。然后，你会开始考虑其他独立公司的哪一家能够弥补你的能力。换句话说，为实现你的目标，你会试图与其他独立公司进行合作。"

在某些情况下，一个独立公司都有其适合于自己规模的市场，并在市场中独自经营。然而，在实践中这不是前川公司的许多独立公司所运作的方式。鉴于一个当地的独立公司只有有限的雇员，有时公司靠自己无法对顾客的需求作出反应。一个典型的事例是什么时候公司必须开发新产品来解决客户的问题。然后，当地的独立公司决定前川公司的哪一家独立公司可以帮助满足客户的需求，并积极请求他们的支持。在这独特管理体系的整个历史中，每一个独立公司的成员"本能地"（村上的话）知道，不集中前川公司的全部努力和资源，他们就不能完全应对客户的需求。因此，由不同的独立公司参与的合作项目的数量大量增加（见图5-2）。

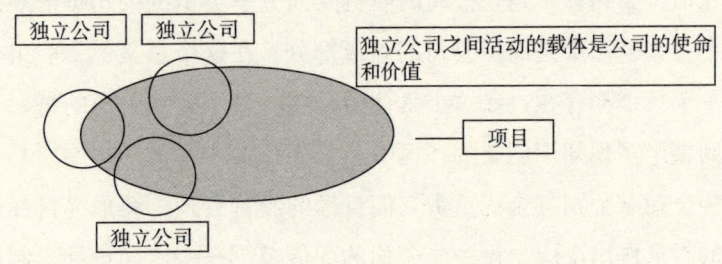

图5-2 独立公司：独立的和统一的

第5章 核心能力之源：隐性知识及其开发

由于这些地方的独立公司同时是"既独立又统一"的，因此，在每一个公司组合的知识能够容易地与其他公司共享，最终成为整个公司的知识。对独立公司来说，交换人力资源是非常普通的事。比如，只有一个雇员在前川肉类规划公司的东京总店工作，这只在大都市的一家独立公司。公司的其他雇员（约有15人）则分布在全日本的其他地方独立公司工作。他们是通过与当地的肉类供应商保持密切联系，同时还与当地独立公司的工作人员合作来做生意。或者想一想 Toridas 项目，所涉及的大约一百人，来自不同的独立公司，例如福特设备安装加工公司，MMS 制造自动化设备的独立公司，以及几家当地的销售独立公司。其业务同鸡肉加工密切相关的好几个独立公司共同创建了 Toridas 项目的专门工作组。而专门工作组的成员提供来自他们不同独立公司的必要信息、知识和资源。

把组织结构与视野和战略结合起来

前川公司所采用的独立公司体系反映了一种非同寻常的使命感和公司价值观。总之，在企业的组织结构和其知识观之间应该有一致性。前川公司注重对客户作出独特的贡献；这反过来也需要切实地了解客户的实现环境或场所，这种了解能够通过同客户密切工作来实现，以使知识得以创造、获得或利用——从而与凭借分享隐性知识的客户一起，引出一种"合作发明创造"的结果。自动剔骨机是前川公司的工程师们，与在其客户工厂的雇员一起工作时产生的一种合作发明创造。

这种围绕知识的看法由公司总裁前川正雄通过像"实现没有竞争的社会"或"在自己的势力范围经商"这样的口号，不断地向公司的所有雇员灌输。通过来自高层管理部门的这些信息，所有雇员决定了他们机构组织活动的方向。根据村上顺所说："假定我们的制冷设备销售由于市场剧烈的价格竞争而滞销。如果我们被卷入那种价格竞争，我们将渐渐丧失我们唯一的附加值，因为激烈的竞争意味着我们的竞争对手也能应对我们顾客的需求。然后，我们将试图通过开发适应客户需求，而其他公司不能生产的新产品来建立新的市场。"

每一个独立公司是按他们已经达到的发明创造的水平来进行评估的。此外，这样的评估不是由公司总部单位做，而是由熟悉公司业务的其他独立公司在审查的情况下进行。村上说："当你成为某一独立公司的领导，被你周围的独立公司注视和审查，你感到绝对没有任何防御能力。"然而，在各独立公司之间的关系是谦恭而不是敌对的。每一个独立公司都随时准备帮助其他公司完成前川公司的主要战略目标：通过发展一种新的体系或产品，而不是卷入到价格竞争中的办法，比竞争对手更快捷地对客户的需求作出反应。

这样一来，前川公司的管理体系同其使命就不可分割了，这种管理体系为其独立公司以业务领域为基础的活动提供了方便条件。这领域一词是指公司能够实现竞争优势和增长的活动地域（前川，1994）。更确切地说，它意指特定的业务范围或市场，其中每一个前川公司的独立公司能够提供自己独特的价值——也就是不能被竞争对手很快复制或评述的发明创造。

重视隐性知识

鉴于这种知识观和战略，分享隐性知识对前川公司的成功有决定性意义。客户的实现环境不容易通过言语的描述来传达。即使当客户的满意成为制造公司的至高无上的目标时，许多执行官们也抱怨他们有时难以发现自己客户想要的东西。既然现在大批量生产的时代已经过去，通常应该懂得的是，明确的、用语言或很清楚地表述客户需求的信息是稀缺的。这里，前川公司也不例外。根据前川公司总裁的消息，他公司的客户很少提出如"我们想使用这个或那个做成这样的东西"之类的特别建议。他们实际上所说的是"一个非常笼统的渴望或想象"。实际上，词语只可能表达客户头脑中想象的90%。尽管如此，当前川独立公司的任何成员抓住这种隐性知识或场所时，在客户和公司之间就有深入的交流和相互的理解，这种交流和理解导致创新产品的开发。这样，前川公司的使命就与其主要企业价值中的一个紧密相连：重视隐性知识（见图5-3）。

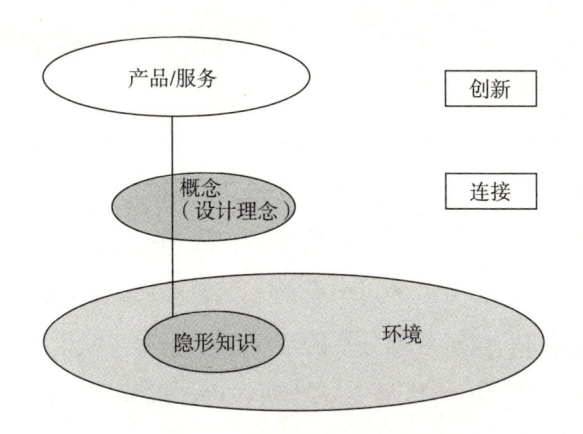

第5章 核心能力之源：隐性知识及其开发

图5-3 在环境中的创新

隐性知识是由人体现出来或为人所拥有的；它不能与人的个体相分离。因此，前川公司通过所作承诺与客户的相互作用获得一定领域的隐性知识。前川公司董事长按字义把它称为"在隐性知识世界的相互作用"。然而，这种相互作用不可能在一夜之间就完成。为彻底了解这个世界，雇员们务必具备广泛的知识，不仅是关于客户业务的知识，而且还有公司可能将应付的所有相关的社会、经济和环境因素的知识。对雇员们来说，培育和积累高质量的知识是不可或缺的。在这一点上，前川公司鼓励培训个人在头脑里要有长期的眼界。然而，公司没有像这样的专门的培训计划。取代它的是强调在工作中的自我学习。在每一个独立公司，年轻的职员们甚至经常参观他们客户的实际工作场地。公司相信"当他们有机会参加场所的活动时，年轻的职员们能够通过与客户的相互作用而受到启迪"（前川，1995）。他们的老板从不给他们发出有关与客户相互作用的特别指令。相反，职工应该通过不断的参观访问，使他们自己了解客户的实现环境；培育他们自己的世界观；并在专业、创新意识和有关爱心方面成熟到足以与客户相互作用。

企业还强烈鼓励前川独立公司的工程师们去开发一种"与客户交谈的能力"。这被认为是他们参与现实环境不可或缺的方面。对于通过与客户一起观察他们的生产线就能看出客户的技术需求的工程师，他们比那些只专注于技术规范的工程师更得到信任。

推动人们为知识分享提供方便条件

当然，为了统一组织起来，前川的独立公司需要互相分享信息。除非所有的公司都掌握了全公司现有的信息、技能和专家的情况，否则，相关公司的集团不能提出要采取的适当行动；例如，Toridas 项目，在所有单独的选手之间没有进行这种资源分享的情况下，该项目从未取得成果。通过一系列的支持体系，包括单页业务计划在内，前川公司的知识分享变得方便多了。这里，我们关注于推动前川公司员工围绕其组织结构的两种机制：（1）通过大会和集团的指导委员会会议把各独立公司联结起来；（2）独立公司之间的人员更换，以应对业务的变化，这种人员的替换鼓励知识积极分子的发展。

联结独立公司

在每一个集团中，成员公司的总裁们每月聚集一次参加集团指导委员会会议，在会上交流有关客户需求和活动的信息，以及讨论市场趋势和总的看法。在这种会议上参与者为集团制订战略，通过战略他们决定如何应对目前的市场或开辟新市场。然后，他们制订出集团内部交换人员和技术资源的计划以实现这些目标。并拟定出当年集团业务计划。每个参加的独立公司遵守在这次会议上确定的业务计划制订出他们活动的特别计划。这样一来，不同的公司都分享了同样的信息，并加强了他们合作关系的基础。

除了这些集团的指导委员会会议，还有商业会议、开发会议和技术会议可为独立公司之间的信息交流和合作关系提供方便条件。在商业会议上，有关建立某些独立公司的问题和解决办法的事项得到讨论。为开发新产品和建立新体系的大会是从项目的早期计划阶段就开始了，并一直举行到成果产品的商业化运作时为止。在技术大会上，每个参与的公司都把自己的技术向其他公司公开，交流信息和相关的问题，展示对新技术研究的成果。除了技术会议外，与技术有关信息也通过各种通信机制手段，诸如电子邮件、传真、电话、信件，以及面对面的会议传输到每一个独立公司，以便进一步方便集团内部的信息共享。

在集团内部或在不同的集团和公司的总部之间举行的会议和大会是集中前川公司的资源和能力的有效机制。此外，对参与者来说，这些会议是他们与其独立公司之外的人员进行面对面相互交流的重要机会。这样面对面的相互交流使前川公司的雇员感到他们是生活在同一个屋檐下，即使他们在非常分散的地点工作。

公司间的人员变动

通过人员在各独立公司之间的轮换使知识的分享更加方便。这种情况常发生在由于市场出现的变化，使某个公司的业务规模扩大或缩小的时候。公司的各独立公司必须按照前川正雄的管理哲学行事："只有随着商业环境的变化而改变自己，公司才能生存。"这样一来，在每个独立公司的雇员人数就总是变动的。人员在各个不同独立公司之间的轮换是按称职的管理人员的判断来进行的，没有来自总部的干预，反映了每个独立公司的充分自主权。"我们最看重独立公司雇员的意见"，前川公司的董事长补充说："看重那些实际感受和经历商业环境变化的人。"

在管理层面上，以灵活和自发方式出现的人员变动能够帮助发展知识积极分子。那些在整个机构组织传播知识词语的管理人员得到有意识地发展，例如，一种鼓励知识积极性的激励体系只能建立在管理人员认知、设想和参与知识创新的实现环境良好的基础之上——他们收集信息，解释信息，与同事们分享知识，建立关爱的关系，以及最终对企业以知识为基础的反应能力增长所作的贡献，做得有多好的程度。

为丰富管理人员的个人经验——这是他们个人知识创新的源泉，实施工作轮换制度，以便管理人员面对不同种类的信息、环境和雇员。这基本上是前川公司的情况，在那里人员根据业务状况的变动在独立公司之间正规地轮换。

公司有大量的知识积极分子分散在整个公司，并准备在开发以知识为基础的反应能力中承担领导人员的作用。这种潜在指挥部的后备能力能够使公司和其他这样的企业在商海激流的环境中变得非常灵活。在前川公司，知识积极分子是在职培训的；没有专门的培训计划来培训个人如何成为该公司的催化剂、协调人或有远见的商人。然而，正如每一个职工都被期望开发他或她自己与客户相互作用及分享隐性知识的能力一样，前川公司的知识积极分子通过各种机制，特别是在各种会议场合与同事们积极的相互作用磨炼了他们的技能。

第6章 通过知识管理培育核心能力

6.1 开发专业智能

组织专业智能在四个层次上发挥作用，按重要性由小到大排序如下：

（1）认知知识（cognitive knowledge）或称基本知识（know-what）。这是专业人员通过广泛培训和认证而掌握的一门学科的基本知识。这是最基本的知识，通常对商业应用来说是远远不够的。

（2）高级技能（advanced skills）或称技术诀窍（know-how）。这是把"书本知识"转化为有效经营实践的能力。把一门学科的知识应用到解决现实世界中的问题中去，这种能力是最普遍的创造价值的专业能力。

（3）系统理解（system understanding）或称深刻知识（know-why）。这是对一门学科所包含的因果网络所掌握的、较深入的知识。应用这种知识，专业人员能够超越具体任务的执行，去解决更大、更为复杂的问题——以创造更大的价值。掌握深刻知识的专业人员可以察觉微妙的联系、预见难以想到的后果。系统理解能力最终可以解释为一种高度训练形成的感悟能力——比如，一位资深的研究主管可以凭直觉判断该资助哪些项目，在什么时间资助，他的这种洞察力就是一例。

（4）自我激励（self-motivated creative）或称缘由知识（care-why）。包括取得成功所需的愿望、动机和适应能力。受到高度激励、富于创造性的群体常常可以胜过那些实物或资金资源占优势的群体。如果缺乏自我激励,知识领导者可能会因自满而失去知识优势。他们可能不能积极地进行掌握调整,以适应变动的外部条件,尤其是更新自己那些需要淘汰的知识——正如今天的分子设计配药技术取代了传统的化学分离方法。这正是为什么现在高水平的专业智能如此重要的原因。对员工不断加强激励的企业能够面对当今迅速变化的市场,不断成长、更新知识、提高技能和系统学习,以增加进一步发展的竞争力。

专业智能一般存在于专业人员的头脑中。前三种的专业智能不可以存在于组织系统、数据库或操作技术中,而第四种才能通常只能在其文化中被发现。专业智能的价值在于可通过认知知识和自我激励的创造性显著提高一个人智力水平。然而,大多数的企业都将它们的培训集中于基本技能而不是系统的或创造性的专业智能培养上。

研究表明,最有效率的专业型组织是以良好的智能管理为核心的,对专业智能的开发可以从以下几个方面来进行:

(1)雇用优秀的员工。综合利用智能可以获得神奇的效果,只需少数几个高水平专家就能创建一个成功的组织,或使一个经营状况一般的企业繁荣发展。马文·鲍尔是麦肯锡公司的初创人;罗伯特·诺依斯和高登·E. 摩尔组建了英特尔;威廉·H. 盖茨和保罗·艾伦创建了微软;阿尔伯特·爱因斯坦使普林斯顿研究所闻名世界。然而,即使是上述一流的组织,也必须寻找并吸引出色的人才。

国际知名的管理咨询公司总是在招聘人才方面不遗余力,精心挑选一流商学院的优秀毕业生。微软在招聘每个关键的设计人员时,都要对上百名备受推崇的应征者进行严格的选拔,不仅要测试应征者的认知知识,还要测试他们在巨大压力下考虑问题的能力。

(2)加强早期开发。只有通过不断接触复杂的实际问题,才有可能迅速开发专业诀窍。因此,对大多数专业人员来说,学习曲线很大程度上有赖于与顾客的交往。一些知名企业安排新来的专业人员在有经验的专家指导下与顾客接触。如微软公司将新聘用的软件开发人员每 3~7 人分成一组，让他们在辅导教师的指导下，参加满足用户需求的复杂新型软件系统的设计。

与那些管理不太严格的组织中的成员相比，经过严格训练的员工在半年到一年时间内，能力便会有所增强，自身价值也会提高。如果引导得当，他们对系统的交互作用（know-why 知道为什么）会有更深刻的理解，对企业和企业目标（care-why 关心为什么）的了解也会更多。成功的企业通过各种方式提高员工素质，如提出复杂的问题（大部分与顾客有关）、给予系统深入的指导、对良好的员工给予丰厚奖励，并提供强烈的刺激，使员工理解、整理、发展自己的专业知识。

（3）不断增强专业挑战

当专业人员能够主动迎接一系列挑战时，其智能水平的增长最为迅速。世界优秀企业的领导者们通常追求完美，想象力丰富，同时无法忍受任何三心二意的行为。他们经常设立几乎不可能实现的"极限目标"，如惠普公司的威廉姆·R. 休利特将公司绩效提高了 50%；英特尔公司的高登·E. 摩尔每年将芯片上的元件数目翻一番；摩托罗拉公司的罗伯特·W. 高尔文使产品质量达到了 6σ 标准。

（4）评价和淘汰。专业人员乐于接受评价、参与竞争，希望知道自己比同行更出色。不过，他们希望评价是客观公正的，而且由所在领域的专业权威进行。因此，在杰出的组织中，普遍存在激烈的内部竞争、定期进行的绩效考核和反馈，以及人才的优胜劣汰。例如，微软公司在尝试每年从精心聘到的人才中淘汰 5% 业绩最差的员工。

6.2 建立知识联盟

知识联盟是战略联盟的高级形式，是指企业为了能够获取其他组织的技术和能力，并且可共同创造新的知识而自愿达成的一种战略联盟的方式。知识联盟是企业发展战略的重要变化，知识联盟的形成核心是使企业获得长期竞争优势，这种竞争优势建立在以知识为基础的核心能力之上。核心能力是由多种知识专长和技能构成的，如研究与开发、技术、营销方式、企业文化等，而核心是关键技术。知识联盟的大多数都是以技术为主导的联盟。

作为知识管理重要内容之一的知识联盟具有以下几个重要特征：

(1) 学习和创造知识与技能是联盟的中心目标。知识联盟旨在帮助一个公司学习另一个公司或组织的专业能力；帮助一个公司获得本公司不具备的、其他方面的知识与能力；使一个公司帮助另一个公司或组织建立技能和能力，从而使双方获益。

(2) 知识联盟旨在从战略的高度更紧密地实现组织之间知识的流动与创新。知识联盟与产品联盟有很大的不同，在产品联盟中，联盟伙伴将重点放在得到产品或扩大本公司的销售额；在知识联盟中，联盟伙伴致力于学习或创造新的能力，两个公司要学习、创造和加强专业能力，每个公司的员工必须在一起工作并密切配合，从而大大增强相互学习和交流的有效性。这样，可以帮助公司扩展和改善它的基本能力，有助于从战略上更新核心能力或创建新的核心能力。

(3) 知识联盟的参与者范围非常广泛。知识联盟能够与任何其他组织成员结盟，只要这个组织拥有有益于参与者的专业知识。通过与客户建立知识联盟，双方可以共享制造过程中的经验知识，共同提高厂商的商品质量以及公司的市场份额；通过与大学结盟，双方可以共享并共同创造新知识；通过与其他公司、工会组织乃至员工个人建立联盟，厂商可以学习如何生产高质量的产品与服务，如何降低成本，如何提高工作效率，并可以借助联盟经常性的举办培训项目，使员工获得多种技能，以满足公司的需要。

由此可见，知识联盟只指公司知识管理的核心目标，围绕公司核心能力，通过知识的交流、共享和创造来增进和提高联盟内成员的反应能力、创新能力、员工技能和公司效率。

知识联盟的建立主要是基于组织资源、知识和能力的互补性，即联盟一方具有另一方不具备的资源、知识和能力，实现联盟伙伴共同利益。因此，知识联盟紧密了彼此的关系，有助于一个组织学习另一个组织的知识和能力，有助于一个组织和其他组织的知识的相结合创造新的交叉知识，也能使一个组织帮助另一个组织建立新的知识和能力，这种知识和能力以后会有益于彼此的发展。

知识联盟的重点是学习和吸收对方的隐性知识。联盟伙伴间各层次人员进行面对面的交互式的学习和交流，通过"干中学"和"教中学"，实现大量的隐性知识的交流和渗透，达到所需知识的有效转移。

基于知识联盟的企业核心能力的培养关键在于在知识联盟内建立一个有效的学习机制，在这个机制中创造一种长期的相互合作、共同学习的环境，鼓励个人自主地学习、交流、分享知识和技能，不断提高个人和组织的知识水平和认知能力，从而有效地实现获取对方核心知识和技能，达到企业核心能力培养的目的。

一般来说，一旦企业决定要建立知识联盟，首先应该决定如何选择联盟成员。知识联盟成员选择的标准包括以下三个方面，称之为"3C"标准。

第一，和谐一致（compatibility）。这是知识联盟存在的重要基础。知识联盟的和谐一致性主要反映在联盟成员之间在知识目标、合作的指导思想和管理方式上的和谐一致。

第二，能力（capability）。由于企业间的竞争越来越激烈，产品的更新换代不断加快，对某一企业来说仅仅依靠自己的力量和资源很难对付这种激烈的竞争，因此必须依靠外部的力量来补充。

第三，承诺（commitment）。知识成员之间承诺建立一种长期稳固的关系是非常重要的。当然建立起这种长期的合作关系，仅仅通过承诺是不够的。最主要的是相互承担一定的义务和责任，彼此相互依赖，相互依存。

知识联盟与其他方式相比较，在获取和创新知识方面，具有风险小、学习成本低、学习灵活、学习效率高的优势，因此，越来越多的企业利用大量的知识联盟这种新的知识集约关系来建立、培育和更新其核心能力。

6.3 塑造知识导向型的企业文化

基于知识的企业核心能力的形成不是一蹴而就的，它是在某种特定的氛围中渐渐积累沉积而形成，这种氛围就是知识导向型的企业文化。如果把企业看作一棵树，企业的最终产品是果实，最终服务是叶子，各业务单位是树枝，核心产品是树干，则核心能力就是支撑这一切的树根，而知识导向型的文化就是培育滋养果树健康成长的土壤。可以说，知识导向型的文化在企业核心能力的形成过程中起着决定性的作用。

作为一种有别于传统公司的新型文化，知识导向型的文化具有以下几个方面的特征：

(1) 知识共享

组织文化根源于组织的核心价值观，一个有知识分享文化的企业，成员将分享经验，想法和见识视为理所当然的事情，会彼此主动地分享这些知识，并鼓励员工学习他人的知识。成功的知识管理首先应透过企业文化的改造，转移员工的心智模式，培养知识分享的文化，将知识分享融合在整个企业的业务流程中，以释放蕴藏在企业中的知识潜能。

(2) 倡导学习

Kemball (1998) 在研究知识工作者的学习时，发现组织文化会影响个人的学习，如果企业文化不允许有多元意见的话，则会降低员工们的学习机会；反之，在一个奖励信息传送、开放且诚实的环境中，则学习机会较高。因此，企业应建立倡导学习的文化，培育和强化启发式、思考式的主动学习理念，使每个人都有义务将学习作为一项终生任务和一种生活方式。

(3) 鼓励创新

由于多数人视知识为权力的来源，而且传统上的奖励大多是提供给有突出表现的个人，这就往往造成了员工将自己的创新知识视为独特资源秘而不宣，不愿与他人分享。因此，企业必须提供创新与分享的奖励诱因，提供足够的资源，如业务指导或技术工具等，并勇于和乐于接受新观念与新事物，愿意承担员工创新的风险，以鼓励和支持员工的创新活动。

(4) 信赖与合作

彼此信赖、相互合作的环境，是知识共享和互动学习的前提与基础，坦诚开放的沟通、合理充分的授权、协调一致的工作，是这种环境的具体体现。因此，企业应透过各种机制与途径，鼓励经验交流和知识分享，建立起信任与合作的人际关系。太过强调内部竞争则会混淆鼓励和竞争，不利于信赖与合作环境的形成。

如何建设这样一种知识导向型的企业文化呢？Schein 的研究表明，以下七个方面的因素对于建设知识导向型企业文化是至关重要的：

1) 对企业宗旨、理念、章程和纲领的正式陈述；
2) 对企业的布局、外表和建筑等形象设计；
3) 企业的学习机制和教育与培训；
4) 明确公开的奖励制度、提升标准和人力政策；
5) 有关榜样和关键人物及事件的故事、传说和格言；
6) 领导层的工作重点及对关键事件和危机的处理方式；
7) 企业组织系统的组织结构设计和业务流程。

建设知识导向型企业文化，第一应当在整个企业内部，形成关于知识及其定义的共同价值观，达成关于知识管理导入的积极共识；第二要转变企业的学习方式，从课堂培训转向基于知识、技能和战略的全方位、全过程的适时学习；第三要变革企业的组织系统及其运行机制，从注重个人参与转向鼓励团队参与，从注重公司本身转向价值链参与；第四要形成自由自主的宽松氛围，鼓励和支持员工并使其有条件将创新思想及时付诸实践；第五应强化"对内共享"和"对外保密"的知识型行为规范，鼓励企业内部的知识创新、知识贡献及其价值创造；第六要将关键人员与企业前景捆绑在一起，使追求企业繁荣与致力于员工发展相统一。

计划导入和建设知识导向型文化的企业，应当结合实际，创造性地遵循这些基本的指导原则。前通用电气集团 CEO 杰克·韦尔奇正是开创了一种独特的哲学文化和操作系统，依靠一种扁平化、无边界的管理模式，一种对人的热情关注以及一种非正式的、平等的交流风格，帮助庞大多元的商业帝国摆脱成熟企业的痼疾——金字塔的官僚体制，走上灵活主动、不拘一格的道路，从而取得了商业上的巨大成功。

6.4 案例分析：施乐公司依靠知识管理培育核心能力[1]

在知识经济时代，企业如果离开了知识管理就不可能具有竞争力，施乐公司深刻认识到了这一点，正如施乐公司首席科学家约翰·布朗（John Brown）所说的，知识经济时代的公司能够敏捷地利用知识提高公司的竞争力。

早在 20 世纪 50~60 年代，施乐公司就已经是世界上著名的办公设备的生产者，它生产的各种复印机名闻天下。后来，施乐公司的统治地位受到了日本复印机的威胁，为了巩固自己在复印设备领域的领先地位，施乐公司在 20 世纪 60 年代就最先建立起基准测试（Bench Mark）制度，向其他行业的优秀公司学习，提高了企业的竞争力。进入 20 世纪 90 年代后，施乐公司又率先建立较为完善的知识管理体系。

（1）密切关注和深入研究知识管理的发展趋势

早在数年前，施乐公司就在公司内部实施知识管理，并一直在该领域

---

[1] 本案例是作者根据相关资料整理而成。

中处于领先地位，这得益于施乐公司对知识经济和知识管理的密切关注和深入研究。该公司积极主动地投入研究资金，在世界范围内探讨知识管理的作用。为此，施乐公司还启动了名为"知识创新"的研究工作。这项工作与施乐公司的长期战略即"提供新的知识产品和服务以满足客户的需要"紧密相连。该项研究工作的主要内容有：

1）对美国其他机构的60名知识管理工作者进行面访，了解他们对知识管理的认知程度，并列出了他们认为最重要的10个知识管理领域：①对知识和最佳业务经验的共享；②对知识共享责任的宣传；③积累和利用过去的经验；④将知识融入产品、服务和生产过程；⑤将知识作为产品进行生产；⑥驱动以创新为目的的知识生产；⑦建立专家网络；⑧建立和挖掘客户的知识库；⑨理解和计量知识的价值；⑩利用知识资产。

2）参加由美国、欧洲和日本等100名知识管理者组成的研制组。他们大多是世界500强中负责知识管理的高级管理人员。该小组一年开展一两次研讨活动，以沟通各公司在知识管理方面的进展情况，探讨知识管理的发展趋势。

3）积极参与安永公司组织的"知识管理"活动。这是一个多客户知识管理项目，有10~15家公司参与，并在剑桥商业中心的领导下建立了互助研究基金。到目前为止，这个小组开展的活动有会议、研究小组活动、工作研修等。其目的是建立一个知识管理实践方面的共同体。

4）支持三个由美国生产力和质量中心进行的基准测试研究项目。第一项研究是跟踪世界500强公司知识管理的发展趋势，并记录其应用的情况；第二项研究主要集中在支持知识管理的信息技术方面；第三项研究是欧洲公司知识管理的基准测试。

5）在加州大学伯克利分校哈斯商学院建立了知识管理教授职位。

（2）设立知识主管

施乐公司在1997年开始设立了首位知识主管，他的主要任务是将公司的知识变成公司的效益。他的主要职责为：

1）了解公司的环境和公司的本身，理解公司内的信息需求；

2）建立和造就了一个能够促进学习、积累知识和信息共享的环境，使每个人都认识到知识共享的好处，并为公司的知识库做贡献；

3）监督保证知识库内容的质量、深度、风格，并与公司的发展一致，其中包括信息的更新等；

4）保证知识库设施的正常运行；

5）加强知识集成，产生新的知识，促进知识共享的过程。

由于知识涉及的范围大于信息，知识主管的作用已大大超出信息技术的范围，进而包括培训、技能、奖励、战略等。因此，企业在设立知识主管时应避免将知识管理视为信息管理的延伸，从而试图把信息主管错误地改为知识主管，因为这将在不知不觉中把知识管理工作的重点放在技术和信息开发，而不是置于创新和集体的创造力上。

（3）建立企业内部网络

施乐公司专门建立了名为"知识地平线"的内部网络。这个网络在1997年11月首次登场亮相，"实况转播"了施乐和安永公司联合举办的"知识超越"会议，有1500~2000名职工访问了这个网络。将这个网络取名为"知识地平线"的原因是因为这个产业刚刚兴起，社会对知识管理的理解和行动刚刚开始。

"知识地平线"主要包括以下六个方面的内容：

1）工作空间。这是员工可以分享文献和思想的虚拟工作空间是可以自我组织和自我维护的。

2）知识管理新闻。包括有关知识管理的新闻、事件、报告、讲演和各种活动通知。这项内容每月更新一次，在事情较多时更新更为频繁。施乐公司聘请两名信息监测人员从1000多种信息源中抽取知识管理信息。

3）事件。储存有关知识管理的会议、研讨、讲演的信息。

4）知识的搜集。这个知识库保存知识管理研究资料、发展趋势和最佳实践案例。其中也包括施乐职员已经做的工作和有关施乐公司的文章。

除此之外，还有大量施乐的知识管理案例研究。

5）产品、技术和服务。该部分目前尚未开放。它将保存施乐公司及相关公司的知识产品、技术和服务信息。

6）相关网点。连接了与知识管理有关的 15～20 个站点，包括知识工作和知识管理站点、知识公司的站点等。

（4）建立企业内部知识库

施乐公司还建立了企业内部的知识库，用来实现企业内部知识的共享。知识库建立在企业的内部网络上。该系统由安装在服务器上的一组构件构成，它能提供所需要的服务以及一些基本的安全措施和网络权限控制功能。员工可以利用该系统阅读公报和查阅历史事件，并彼此在虚拟的公告板上相会。该系统解决了公司内部知识共事问题。

知识库里的内容包括：

1）公司的人力资源状况；

2）公司内每个职位主要的技能和评价方法；

3）公司内各部门、各地分公司的内部资料；

4）公司历史上发生的重大事件等历史资料；

5）公司客户的所有信息；

6）公司的主要竞争对手及合作伙伴的详细资料；

7）公司内部研究人员的研究文献和研究报告。

（5）重视对公司智力资源的开发和共享

施乐公司非常重视对公司内部智力资源的开发与共享，公司总经理兼执行董事长保罗·阿尔莱尔认为："知识管理是从强调人的重要性，强调人的工作实践及文化开始的，然后才是技术问题。"为此，公司采取的措施主要有：

1）将公司的人力资源状况存入知识库，这样可以方便知识主管及其他管理者对公司员工的管理。

2）让员工进行自我测评。施乐公司在内部信息系统上专开了一个网页。在网页上列出公司每个职位需要的技能和评价方法。每个职员可匿名上网,利用该系统对自己的能力作出评价,系统会帮助你找出自己和职位上的差距,并告诉你如何提高或改变的方法,即每个员工可以实现自我测评。这一系统有利于员工的职业培训与职业发展。

3) 将员工的建议存入知识库中。员工在工作中解决了一个难题或发现了处理某件事更好的方法后,可以把这个建议提交一个由专家组成的评审小组。评审小组对这些建议进行审核,并把最好的建议存入知识库中,并在建议中注明建议者的姓名,以保证提交建议的质量及促进员工提交建议的积极性。所有的员工都可以从知识库系统中看到这个建议。

4) 开创家庭式的办公环境。公司对员工的工作环境作了改善,员工工作空间的墙被涂成了浅粉色、紫色、黄色和绿色,全部的工作空间都是平等和开放的。施乐公司认为,这样有助于创造一个充满和谐的气氛,有利于员工之间进行公开、坦诚的交流。

(6) 改变传统的营销方法

传统的营销方法是指企业与客户之间只是单纯的买卖关系,现在要改变这种单一的关系,变客户为合作伙伴,充分挖掘客户的有效资源,在营销过程中促进企业与客户的共同发展。

1) 对销售部门的知识管理。在过去,施乐公司的销售人员一般为一个客户工作一年,然后转为其他客户。以这种方法运作,公司损失了大量的知识。因为每次业务人员对新客户都是陌生的,因此需要从头开始了解这个客户,这不仅浪费时间而且客户也不希望这种行为发生,客户希望按以往约定好的计划进行。现在施乐在公司的内部网上建立了一个系统,销售人员将所了解到的客户的所有信息,特别是每一笔交易的情况都存入这个系统。公司鼓励销售人员了解客户各方面的情况,包括客户的个性、脾气、喜好、习惯,甚至小孩的姓名等,当然还包括有关客户的商业信息。如果客户在商务交往中发生了不愉快,销售人员必须将事情的背景记录下来,施乐公司会派专职人员负责处理客户和员工之间的矛盾。

2) 对维修部门的知识管理。施乐公司开展了一个有关维修业务的知识管理计划，以更好地获得并保存维修人员的知识。在此前，售后服务部门的新知识是通过手册传递给每个维修人员的，由于产品的生命周期越来越短，软件开发的时间也越来超短，手册一制定出来往往就过时了。现在工作手册的传递也已进入了计算机时代。

施乐公司的技术人员现在拥有带高效能超文本文献服务功能的便携式计算机，用来诊断和维修机器。假如技术人员要进行复印机的例行检查，那么就可以通过超文本快速链接到有关的工作指南中去；若技术人员打算更换某个零件，那么这个系统也可自动链接有关零件的图纸和更换程序。这种"聪明的小手册"的成本比印刷的版本要便宜很多．并且可以经常进行更新。施乐公司还建立了一个系统，在这个系统中维修人员可以进行实地交流、诊断和维修机器。维修人员还可将在工作过程中发现的新问题或新方法及时存入这个系统，以实现维修知识的共享与及时更新。

第7章 核心能力的修炼：
发展学习型组织

7.1 组织学习与学习型组织

企业核心能力的修炼过程是一个不断学习的过程。个人需要学习，组织也需要学习。国外有的学者认为，组织学习是任何组织单位获取被它认为有潜在应用价值的知识；有的认为组织学习是发现和纠正错误的过程；还有的认为学习是进行能力训练。哈佛大学教授戴维·A.加文认为，组织学习活动包括系统地解决问题、试验、从自己的过去与经验中学习、向他人学习以及促进组织内的知识扩散五项内容，具体而形象地描述了组织学习的内容。组织学习不是某些人或某些部门的事，它要求全体成员、所有部门都积极行动起来，促进知识在组织内部快捷流畅地传播。爱德蒙森（A. Edmondson）分析和综合各种不同领域对组织学习的定义，认为组织学习是一个过程，在这个过程中，组织的成员积极主动地应用资料（即与组织相关的信息）来指导组织行为，以提高组织连续适应环境的过程。现在企业所面临的竞争环境是复杂多变的，如何适应环境是企业生存的首要任务，但由于观念上的惯性，使得这种适应是非常困难的。

组织学习是一个交互的开放学习过程，组织学习过程中不仅应从过去的经验和教训中学习，还应该不断地从外界吸收先进的技术、先进的管理思想和方法。组织同时也对外界产生影响，这是一个交互的过程。组织的

第7章 核心能力的修炼：发展学习型组织

学习是通过组织中的个人来完成的，学习结果存在于个人、组织中的团队和组织的结构中。组织对环境的适应，应该是主动的，也就是通常所讲的要"领导潮流"。

彼得·圣吉（P. Senge）在《第五项修炼——学习型组织的艺术与务实》一书中，列举了一个"煮青蛙的故事"，说明适应的困难。如果你把青蛙放到开水中，它会立刻试着跳出。但是如果你把青蛙放进温水中，不去惊吓它，它会呆着不动。现在，如果你慢慢加温，当温度一点一点增加到一个不太大的幅度时，青蛙仍显得若无其事，甚至感到很舒适。但当温度慢慢上升时，青蛙将变得越来越虚弱，无法动弹，最后想出来也无力跳出。这时如果没有什么外来因素使它脱离困境，青蛙就只能留在那里直到被煮熟。

这个例子主要是用来说明，青蛙只能感觉到外部环境的剧烈变化，而不能感觉外部环境的缓慢、渐进的变化，所以没有逃脱被煮熟的命运。因此，需要学会觉察缓慢、渐进的变化过程，并注意那些细微的、不太寻常的变化。

企业在今天的的激烈竞争环境中要想立于不败之地，需要使自己成为善于学习的组织，即学习型组织。彼得·圣吉（P. Senge）在《第五项修炼》中，对学习型组织做了通俗地解释，他把学习型组织描述成这样一种组织："在这里，人们不断地扩张自己的能力，去创造他们所真正期望的结果；在这里，人们可以培养新的扩张性的思维方式；在这里，人们可以不断释放出他们郁结已久的激情；在这里，人们可以不断学会如何在一起学习。"与之相类似，野中郁茨郎（Ikujiro Nonaka）这样形容学习型组织（也称为知识创新型组织）的特征："创造新型的知识并非一种专业活动，而是一种行为方式，实际上，也是一种存在的方式。在这里，每一个人都是知识的创造者。"加文给出了一个更加明确的定义："学习型组织是一个能熟练地创造、获取和传递知识的组织，同时也要善于修正自身的行为，以适应新的知识和见解。"进一步加文从五个方面对学习型组织进行了描述：系统化地解决问题、采用新方法进行实验、从过去的经验中学习、从他人最好的实践中学习、在组织中有效地传递知识。Calhoun Vick 曾用下面的公式来描述学习型组织。

学习型组织＝有远见的领导人×可行的计划×共享信息×创造性×执行

可见，知识共享和创造性是学习型组织与其他性质的组织相区别的根本性要素。这种组织通常至少包括知识结构、知识管理流程和知识管理技术基础设施三个要素，擅长创造、获取、转换、共享和利用知识，并能够根据新的知识与形势调整其行为，因而具有持续学习的能力，具有高于个人绩效总和的综合绩效。其具体特征主要体现在以下几个方面：

（1）组织成员拥有一个共同愿景（Shared Vision）。组织的共同愿景来源于员工个人的愿景又高于个人的愿景，是组织中所有员工的共同理想。它能使不同个性的人凝聚在一起，朝着组织共同的目标前进。

（2）组织由多个创造性个体组成。在学习型组织中，团体是最基本的学习单位，团体本身应理解为彼此需要他人配合的一群人。组织的所有目标都是直接或间接地通过团体的努力来实现的。

（3）善于不断学习。这是学习型组织的本质特征，主要有四点含义：

1）强调"终身学习"，成员均应养成终身学习的习惯，形成良好的学习气氛，在工作中持续不断地学习；

2）强调"全员学习"，组织的决策层、管理层、操作层都要学习，尤其是经营管理和决策层更需要全身心投入学习；

3）强调"全过程学习"，学习必须贯彻于组织系统运行的整个过程之中；

4）强调"团队学习"，不但重视个人的学习和智力开发，更强调成员的合作学习和群体智力（组织智力）开发。

（4）"地方为主"的扁平式结构。传统的企业组织通常是金字塔式的，学习型组织的结构则是扁平的，从决策层到操作层，中间相隔的层次极少。它尽最大可能将决策权向组织结构的下层移动，让最下层单位拥有充分的自决权,并对产生的结果负责。例如,美国通用电器公司目前的管理层已由九层减少为四层。

(5) 自主管理。通过自主管理,可使组织成员边工作边学习并使工作和学习紧密结合。在自主管理的过程中,团队成员自己选择合作伙伴,自己发现工作中的问题,能以开放求实的心态相互切磋,从而形成共同愿景,增加组织快速应变、创造未来的能量。员工自主的个人创新是组织最有成效的创新活动,也是组织发展的驱动力和催化剂。

(6) 组织的边界将被重新界定。学习型组织边界的界定,建立在组织要素与外部环境要素互动关系的基础上,超越了传统的根据职能或部门划分的"法定"边界。例如,把销售商的反馈信息作为市场营销决策的固定组成部分,而不是像以前那样只是作为参考。

(7) 员工家庭与事业的平衡。学习型组织努力使员工丰富的家庭生活与充实的工作生活相得益彰。学习型组织承诺支持每位员工充分地自我发展,而员工也以承诺对组织的发展尽心尽力作为回报。这样,个人与组织的界限将变得模糊,工作与家庭之间的界限也将逐渐消失。

(8) 领导者的新角色。在学习型组织中,领导者是设计师、仆人和教师。领导者的设计工作是一个对组织要素进行整合的过程,不只是设计组织结构和策略,更重要的是设计组织发展的基本理念;仆人角色表现为领导者对实现组织成员共同愿景的使命感;领导者作为教师的首要任务是指导人们把握组织系统的真实情况,促进每个人的学习。

必须强调的是,学习型组织的真谛不仅在于学习是为了企业生存,使企业具备不断改进和持续发展的能力,提高核心能力;而且更在于这种学习能力和学习活动能够实现个人与工作的真正融合,使人们在工作中体味生命的意义,实现人生的价值。因此,人们可以运用学习型组织的基本理念,去反省当前存在的种种学习障碍,开发自身所处组织创造未来的潜能,并促进学习型社会的形成。

7.2 学习型组织的五项修炼

在当今知识经济时代，企业活动及其产品越来越呈现知识化特征。企业竞争说到底是一种知识的竞争，知识代表了能力。谁想拥有强大竞争力，谁就得加强知识的学习。谁的学习能力高、学习速度快，谁就有可能竞争领先。

彼得·圣吉在《第五项修炼》一书中指出，"学习智障，对孩童而言是悲剧，对组织而言，则是致命的弱点。"根据统计，大型企业的平均寿命不到40年，不及人类寿命的1/2；日本《企业寿命》一书中也曾评估，日本的百大企业平均寿命不到30年。大型企业尚且如此，小型公司的命运就更为坎坷了。

这些企业之所以容易夭折，主要原因就是无法发挥集体学习的力量，来适应内外部环境的变化，使得企业的经营无法持续发展。尽管"学习"可以延续企业的生命，但了解其本质并落实的企业屈指可数，究其原因就是学习有障碍。治疗学习障碍的第一步就是要辨识障碍，圣吉提出七项组织的学习障碍，分别为：局限而片段的思考；归罪于外；太强调主动积极，而缺乏整体思考；专注个别事件；被煮的青蛙；从经验学习的错觉；管理团队的迷思。

要治疗上述七项学习智障，必须修炼学习型组织的五项基本修炼，包括系统思考、自我超越、改善心智模式、建立共同愿景以及团队学习五项。

（1）自我超越。自我超越是学习型组织的精神基础。自我超越表现为组织内每个成员集中精力，培养耐心，全身心投入，不断创造和超越自我。自我超越是个人终身学习的过程，也是组织学习的前提。

（2）改善心智模式。所谓心智模式就是我们对事物的一般看法或是一套建立在某些假定下的理论。由于心智模式影响人们所采取的行动，当周围环境发生变化后,建立在以往旧式的环境上所形成的心智模式可能并未改变,所以往往引致行动的失败。改善心智模式也就是改变我们的思考方式,它是一个不断检验隐藏在我们所有行为背后的基本假设是什么,以及这些假设是否正确的过程。

(3) 建立共同愿景。共同愿景是组织中人们所共同持有的意向和景象。共同愿景在组织中会创造一体的感觉,并遍布到组织所有的活动,而使各种不同的活动融合起来。共同愿景可以由外部环境刺激而形成,也可以由组织内部被唤醒的创造力而激活,前者被称为是外生的,后者则是内生的。组织内生的共同愿景不仅改变了组织与成员的关系,而且改变了组织中成员之间的关系。因此,共同愿景的存在使组织内部成员放弃了固有的心智模式,勇于承认个人和组织的缺点,因而能够激发新的思考和行动方式。

(4) 团队学习。团队学习是发展团队成员整体搭配与实现共同目标能力的过程。整体搭配是指团队能够良好地发挥整体运作的功能。团队学习建立在"自我超越"和"共同愿景"的基础上,通过运用"深度汇谈"和"讨论"两种方式,使组织成员注意到思维的集体性本质,人们可以相互帮助,使成员对思维的差异更加敏感并减少对差异的不安,通过学习使集体思维变得愈来愈默契。

(5) 系统思考。系统思考作为一种概念性的理论架构,运用于管理实践不仅能够使管理者面临的问题得到令人信服的解释,而且使管理者能看清问题的关键(杠杆解),因此,小而专注的行动能产生持续和重大的改善。系统思考是看见整体的一项修炼,它使人看清隐藏在表面现象后面的本质结构,敏锐地感觉到从属于整体的各个组成部分之间的联系;系统思考的精髓在于转化思考方式,它是一种语言,用以描述不同的环状互动关系及其变化形态,熟悉、掌握并能运用"系统基模",将系统观点运用于实践。

五项修炼中,系统思考是最为关键的第五项修炼,其见树又见林的思考模式,可以协助经营者快速掌握问题的本质,进而作出正确的决策。而该项修炼更是新经济经营者必备的基本能力,也是建构敏感数位神经系统的策略思维。五项基本修炼间相互的关系如图7-1所示。

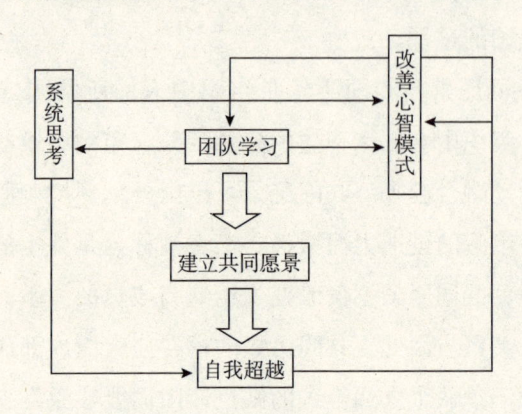

图7-1 五项修炼关联图

彼得·圣吉(P. Senge)运用系统动力学的原理为如何进行系统思考建立了一批系统的基础模型,简称"系统基模"。在系统思考中,"增强的反馈""调节的反馈"和"时间滞延"是一些基本概念,可以用来构成各种系统基本模型。在一个存在增强反馈的系统中,微小的变化会导致产生巨大的影响。而存在调节反馈作用的系统中,尽管有变化,系统仍能稳定。行动与所产生的结果之间存在时间差,这就是时间滞延。

彼得·圣吉(P. Senge)在《第五项修炼》一书中列举了九个系统基模,它们是:

(1)"反应迟缓的调节回路"。由于调节作用到产生结果存在时间滞延,有可能使所采取的调节作用比所需要的要大,也可能因发现不了变化而无法采取任何调节作用。

(2)"成长上限"。成长的系统由于遇到了限制,或者调节回路起作用,使系统停止成长,进而衰落。

(3)"舍本求末"。对产生的问题治标不治本,症状暂时消除,但问题没有得到彻底解决,最后造成系统丧失了解决问题的能力。

(4)"目标侵蚀"。与舍本求末类似，短期方案的采用导致了长期目标的逐渐降低。

(5)"恶性竞争"。竞争双方中一方优势的产生导致对方的抗衡，在对立情绪下都想要压倒对方。

(6)"富者愈富"。使用相同有限资源的两个活动，其中之一因为表现好，得到的资源多，优势就强，进入良性循环，而另一个因为表现较差，得到的资源就少，陷入了恶性循环之中。

(7)"共同悲剧"。使用相同的有限资源的多个个体因不断的发展，造成了资源的短缺。

(8)"饮鸩止渴"。一个短期有效的对策会对今后的长期目标产生不良影响，问题逐渐恶化，越来越依赖这种短期对策。

(9)"成长与投资不足"。当一个企业的成长趋近上限时，可以投资扩充生产能力，突破成长上限，但这种投资必须在成长降低之前，否则永远达不到所设想的目标。

运用系统基模，可以深入进行系统分析，研究在各种情景下的结果，并找出解决问题的方法。这实际上就是一种通过模拟仿真进行学习的有效方式。

7.3 五项修炼与知识管理的关系

学习型组织的五项修炼与知识管理有着密切的关系：(1)"系统思考"的目的在于培养见树木又见林的思考模式，也就是我们强调的"敏感的数位神经系统"；(2)"自我超越"则是透过团队学习方式，提升知识工作者的智能，进而提高组织的智商；(3)"改善心智模式"是经由系统思考、团队学习等方式，培养用望远镜看事情而不是用放大镜；(4)"团队学习"则在于培养一群有智之士（改善心智模式）而不是特定人；(5)"建立共同愿景"则是集中的过程，透过团队学习的方式，凝聚共识并塑造休戚与共的生命共同体，其集中的过程就是将组织内的成员朝共同的方向（愿景）前进。

7.4 建立学习型组织

企业应不断学习如何整理各种信息以及使用这些信息的能力。传统的生产模式中，从科研机构或企业研究与开发部门进行创新和产品开发、企业生产产品到产品和服务的销售，整体上呈现出一种线形的格局。知识经济时代，创新的来源多样化，创新的形式更为丰富。这样，生产组织模式就不再是线形的，不同行为主体之间的联系加强了，企业、实验室、学术机构、消费者等各方都会提供并吸收信息，从而在科研、设计、产品开发、制造和营销中构筑一个互动的信息交流反馈机制，企业组织结构形成一种以知识为中心的互动联系的网络状结构，企业成为收集整理并运行各种信息的中心。

由于知识型生产中经营理念的变化，企业的组织结构将采用高度灵活性和高生产率相结合的方式，以实现多品种、小批量、低物耗、高质量、时间短、服务优的综合目标。集成化是企业适应新的经济环境的变化而调整自身组织结构的较好的选择。集成化有两个基本要点：①企业生产的各个环节，即从市场分析、产品设计、产品制造、营销管理到售后服务的全部活动是一个不可分割的整体，需要紧密连接，统一考虑；②整个生产过程实质上是一个信息采集、传递和加工处理的过程，最终形成的产品可看成是信息的分析改进，不断重复这一过程，追求各种要素的优化配置，以实现高效率、高质量、高效益和低消耗的最终目的，使各种工业设施从一开始就布局合理、结构科学并且高效率运转。

与传统企业相比，高度灵活的学习型企业的中心多元化，企业结构复杂化，内部各单位既相互独立，又错综相连成网络结构；企业经营不仅强调效率，更重视灵活性，适应不断变化的新技术和市场情况。企业组织的灵活性可以从精良、并行、敏捷和智能等几方面衡量。

精良是学习型组织的组织结构的一个主流趋向。企业精简机构，充分使用计算机化的设备，使组织管理的层次和结构明显减少。精良不仅在组织结构上，而且在经营思想、设计过程、协调方式、用户关系等各方面都已形成与大规模生产阶段不一样的一整套思想和措施。并行是在电脑时代时空观念重塑的基础上对企业组织结构的调整。企业内部各部门的联系更加紧密，研究、制造和营销各部门收集的信息共享，形成将研究与开发、工程设计、工艺设计及其相关过程进行并行、一体化设计的组织结构模式。敏捷强调了学习型组织对环境变化的迅速反应。由于新知识、新技术的产生和应用过程加快，企业经营除了必须充分利用企业内部的资源外，还要充分利用整个社会的各种资源。敏捷要求企业采取各种有效手段加强企业内部和企业间的互动学习，直至其最高形式——虚拟公司。智能型的企业组织结构更有利于知识资产发挥核心作用，将市场、技术、人力和生产结合在一起，增强企业适应变化的能力。

兼具精良、并行、敏捷和智能的企业组织结构的形成本身也是一个学习的过程。当某个成功企业展示了某种适应新经济形态的特质后，别的企业很快地加以学习，行业内部的协作和竞争关系的变化又为原先成功企业进一步学习改进的过程提供了动力。通过信息的不断交流，企业间矩阵型的互动学习的结果决定了各企业在矩阵中的定位，那些善于学习的企业完成了学习型组织结构的构筑，掌握了最具动态增长能力的优势，从而在竞争中脱颖而出。

一般，建立学习型组织主要有以下主要步骤：

首先，企业要想将自身改造为学习型组织，必须从建立适合于学习组织结构入手。学习型组织是以信息和知识为基础的组织，其管理层次比传统结构要少得多。例如当某跨国公司围绕信息沟通调整组织结构时，发现12个管理层次中有7个可以剔除。这些被剔除的层次不是权利层次、决策层次或监督层次，而只是信息的中转站。强调组织结构的"扁平化"，尽量减少企业内部管理层次,可以使组织更适于学习和建立开创性思考方式。除此之外,项目管理、团队工作、界面管理以及并行工程等都有利于组织开展系统性的学习。

其次,在具备了一定的组织结构基础后,企业还要着重塑造组织的学习文化,培养组织的学习习惯和学习氛围。要开展经常性的学习,以提高企业整体的学习积极性。

最后,企业要更好地提高自己的学习能力,应注意积极地向外界学习,组建知识联盟。知识联盟有助于组织之间的学习和知识共享,使组织能够开展系统思考。知识联盟比产品联盟更紧密并具有更大的战略潜能,它可以帮助组织扩展和改善自己的基本能力,从战略上创造新的核心能力。因此,任何想成为真正的学习型组织的企业都不应忽视知识联盟的重要意义。

学习是一件自主的事,只有自主地、充满乐趣地学习,才能真正了解学习的真谛。因此,在向学习型组织的转化过程中,不应死板、教条。对于其他企业的先进经验,学习型组织既不能盲目借鉴和引进,又不能固步自封,而是要根据自己的特点,建立有自身特色的、适应自身情况的新型组织。

7.5 案例分析:如何建立学习型组织[1]

案例一:微软公司如何构建学习型组织

微软是怎样把企业建设成为学习型企业的呢?为了建立学习型组织,微软提出自己的学习理念,即"通过自我批评学习、通过信息反馈学习、通过交流共享学习"。微软把这个理念一步一步、认认真真地深入下去,通过三个理念化成四个原则。而四个原则实际上又是四大学习系统。

---

[1] 本案例是作者根据相关资料整理而成。

第 7 章 核心能力的修炼：发展学习型组织

（1）从过去的、当前的研究项目及新产品中系统地学习

怎样从过去的、当前的研究项目及新产品中系统地学习，为此，微软开展了五大活动：

第一，事后分析活动。它要求每个项目组和每个开发产品的部门开发了一个产品、完成一个项目都要写一份事后分析报告，它分为工作的成绩、存在的问题、采取的对策三大部分，通过分析和自我批评得到学习。

第二，过程审计。过程审计以前许多单位都有搞，但不少企业把审计作为一项对抗性活动。但在微软，审计人员在审计过程中，一再告诉被审计对象：我们审计过程是一个技术交换的过程。学习型组织把每一项工作都看成学习过程。

第三，休假会活动，每年一次，主要人员参加。主要目的是交流信息、对付难题、提高技巧和学习文件。

第四，小组间进行学习资源分享活动。微软鼓励不同部门的人员在不太正式的场合经常交流，部门内部和部门间定期或不定期举行午餐会（这被称为"蓝色托盘活动""寓学于食"），或者通过电子邮件进行学习交流。

第五，自食其果活动。微软就是要自己的员工发现自己开发的产品所存在的问题，来进行自我反思、自我批评并得到学习。微软规定员工先使用自己的产品，把发现的问题互相交流进行反思，得到学习。

（2）通过数量化测量的信息反馈进行学习

微软有这样一个理念"你想要领导批准项目，必须拿出数量化分析的道理。"微软把产品的质量分为四个程度：

第一，整个产品达到崩溃等级，不能使用。

第二，一种特性，不能使用，而且无法代替。

第三，一个产品不能使用，但是可以代替。

第四，表面的、微小的，还是可以使用的。

当产品的质量测试信息公布之后，员工就知道问题的严重性。经过反

思，找出问题的关键所在。

(3) 以客户信息为依据进行学习，这是外部的信息反馈

学习型组织告诉你：学习有内源的学习和外源的学习。内源学习即通过内部获得的，像数量化测量的信息反馈。外源学习即把客户的信息作为重要的学习来源。

微软通过各种渠道使自己每天有6000个用户咨询电话，并且电话费在产品售出后90天内由微软支付，它是个跨国公司，每天需承受的电话费用相当可观，之所以这样做是因为他们把用户的信息作为一个重要的学习源。

还有最终用户满意度调查。微软每年花50万美元进行用户满意度的调查，为了客观的调查，请咨询公司进行这项工作。

分为三个满意度：对微软产品的满意度、对微软公司的满意度、对售后服务的满意度。

还评选"忠诚客户"活动，标准是：①对三个满意度都满意；②保证以后都买微软的产品；③向别人推荐微软产品。

(4) 各产品组之间通过交流共享得到学习

微软有个重要理论，即建立学习型组织的一个重要问题就是实现共享和交流学习。对现代企业来讲，能否实现交流共享是很重要的问题。微软公司为了加深交流共享，采取了三个措施：第一，成立共同操作、沟通系统。微软是个庞大的系统，需要高度的互通；第二，开展相互交流活动。微软要求企业员工看到的好书和好文章，要相互交流；第三，开展东走西瞧活动。比尔·盖茨要求各产品开发组之间，多串串门，互相启发思路。

案例二：通用电气公司如何建立学习型组织

通用电气公司（GE）是全球500强最大的公司之一，该公司的市值达4500亿美元，排名世界第一，2000年销售额为1300亿美元，净收入为130亿美元。该公司取得如此骄人业绩，通用电气公司的原董事长杰克·

第7章 核心能力的修炼：发展学习型组织

韦尔奇的自传为我们进一步揭示了企业成长的秘密——这就是建设一个学习型组织。

（1）将企业的培训基地再造为企业的思想中心

杰克·韦尔奇对 GE 进行再造的思想在他刚担任 GE 总裁时就已经开始了。他认为企业改革不仅仅是在组织结构上的改变，更重要的是企业员工思想的变革，而要实现这一点，就要有企业的思想库。"再造克罗顿维尔，再造 GE"，这就是他的目标。要"把克罗顿维尔看做一个在交互式的开放环境中传播思想的地方，它可以成为打破等级制度的最理想的场所。""如果我们打算让最优秀的员工来到这里，那我们就必须把克罗顿维尔变成一个世界级的管理开发中心。"韦尔奇花费了大力气将 GE 企业的精英送到这里进行思想观念的培训和改造，而他本人也身体力行，每年用 1/3 时间来到基地，直接向 GE 的各个部门的管理者传达他的信息："卓越，质量，企业家精神，所有权，直面现实以及'数一数二'"战略模式。

1）克罗顿维尔学习模式的转变

GE 的克罗顿维尔开设的课程主要是进行案例学习，案例可以来自其他公司，但讨论时要从 GE 的实际情况出发。开设的课程从新员工辅导到特定的技能培训都包括。但重点是开设旨在培养领导技能的课程。它分三个层次：为最具发展潜力的高级经理开设的高级管理开发课程（EDC）；为中层经理开设的企业管理课程（BMC）；为初级管理人员开设的管理开发课程（MDC）。

克罗顿维尔每年推出三次 BMC 课程，每班大约 60 人。EDC 课程每年只有一次，安排大约 30~50 位最具发展潜力的高级管理人员参加。这两类课程时间都是三周，课程的内容及进度都是精心设计的。但公司更看重学习班学员的学习行动，学习班的学习成员实际上是公司领导的高级顾问。学员们将观察的视野放在世界上每一个发达国家和发展中国家，认真考察公司的发展机遇以及其他公司的成功经验，仔细评估各项计划的实施进度和实施效果。每一次课程之后，学员们都有一些意见被采纳，并被落实 GE 公司的下一步行动中去。

  公司的董事长杰克·韦尔奇每个月都要到克罗顿维尔一两次，给学员上课或进行思想交流，在近 21 年的时间里，他同 18000 名 GE 的经理进行了直接的沟通。他通常不是以讲演的形式（因为那只是他的单项沟通，得不到及时有效的反馈），而是采取公开和广泛的面对面的交流。韦尔奇把他的想法带到每一间课堂上，通过相互交流使这些想法更丰富。他提倡每一个学员都给他以反馈和挑战。结果，韦尔奇成了一个助推器，帮助所有的人相互取长补短。而韦尔奇也认为学员们交给他的和他交给学员们一样多，"克罗顿维尔现在成了一个活力中心，为思想的交流提供源源不断的动力。"

  2）克罗顿维尔创新思想的产生

  创新的思想在克罗顿维尔得到了最充分的释放。最典型的要数来自于克罗顿维尔的企业管理课程（BMC）所产生的理念变革。该理念促使 GE 的业务经营体系有了巨大的改进。1995 年，在为期四周的 BMC 培训班上，学员在教师的指导下，对公司通行的"数一数二"战略模式进行梳理时发现，该市场战略可能会对公司有阻碍作用，它压抑了公司的成长机遇。原因就是通用公司有诸多的高智商管理人员，这些人员聪明到把他们的市场定义得非常狭窄，这样他们可以稳稳当当地保持住"数一数二"的位置。

  学员们制作了八个示意图，其中一个图的内容演示了如何重新定义市场份额，并提出了"思维定势变革"的方案。他们认为，GE 需要对现行产品市场全部重新定义，应该使 GE 每一家企业的市场份额都在 10% 以下。在董事长韦尔奇的倡导下，公司开始重新定义各业务领域的市场范围，例如，1981 年，GE 给自己定义的市场范围是 1150 亿美元，而现在是 1 万亿美元。电力系统公司在他们传统定义的 27 亿美元市场中占据了 63% 的份额，这看起来相当不错。但如果重新定义市场，将整个发电厂运营设备都包括进来，那么电力系统公司只在 170 亿美元的市场中占据 10% 的份额。如果把燃料、动力、存货、资产管理以及金融服务都包括进来，那么，潜在市场价值就有 1700 亿美元之巨，GE 只占了 1%～5%。

这一市场定义观念转变极大地开拓 GE 管理人员的视野，并点燃了他们的雄心。在随后的几年里，GE 的主营业务迅速地翻了一番，由 1995 年的 700 亿美元增长到 2000 年的 1300 亿美元。

克罗顿维尔的培训后来成了 GE 一个员工取得成就的重要标志。参加 BMC 课程学习，必须是经各公司的层层选拔；而参加 MDC 课程，则需要经过人力资源总裁、副董事长和董事长的批准，而且所有的提名都要在公司的 C 类会议上讨论通过。而韦尔奇也达到了他的目的，不仅使管理团队的能力得到了提高，更重要的是创造了企业的思想库，各类创新思想在其中得到发扬光大，团队的凝聚力增强了，企业的活力出现了。

（2）不断创新的管理模式

1）"工作外露"的管理模式

经过不断摸索创新，克罗顿维尔已经成为 GE 的改革思想发源地，并且形成了非常好的交流氛围，学员们的学习热情和对企业变革的信念空前高涨。但是，如何把学员们的坦率和热情从教室里带回到每个人的工作场所？提高和改进整个公司的工作效率又成为一个新的问题。如果大家在学习时满腔热情，成为一个新人，但回到工作岗位又回到旧的"我"，那么克罗顿维尔的作用就会大打折扣，也不能带动整个团队的进步。一个新的念头在韦尔奇的脑海里出现"我们必须要让克罗顿维尔的课堂在整个公司再现。"他的想法在几周内经过新的充实和完善后，形成了 GE 公司一项新的改革方案，这就是"工作外露（work-out）"计划。顾名思义，"工作外露"就是把工作中有待解决的问题公开暴露出来，以供企业人员充分讨论，尽快解决。

克罗顿维尔的课堂交流之所以能够诚挚坦率是因为人们在这里感到说话很自由。尽管韦尔奇是他们的老板，但是他很少能够影响或者说根本影响不了企业员工个人的职位升迁——特别是那些级别较低的培训学员。因此，要在公司创造出这种氛围，也不能让公司的直接领导组织这些交流会。公司通过聘请外面受过训练的专业人员（多数是大学教授）来主持会议，他们听员工的谈话不会别有所图，员工们与这些人交谈会感到放心并能得到很好的启迪。在 GE 这样的座谈会上，有大约 40 名到 100 名员工被邀请参加，他们可以自由地谈论对公司的看法，讨论不同管理层次的官僚主义行为，以及公司存在的各种问题。一个典型的"工作外露"会议可能持续两到三天，会议开始时，经理要到场讲话，他需要提出一个重要议题或安排一下总的会议议程，然后离开。在老板不在场的情况下，外部专业人员启发和引导员工进行讨论，结果，在他们的帮助下，经理和员工之间的交流变得容易多了。

"工作外露"会议的真正不寻常之处在于公司要求经理们对每一项意见都要当场作出决定。他们必须对至少 75% 的问题给予是或不是的明确回答，否则对该问题的处理也要在限定的时间内解决，结果，很好地消除了公司内的官僚主义。GE 公司下属的每个分公司每年进行数百次的"工作外露"，到 1992 年，已有 2 万名员工参加过"工作外露"会议并收到了巨大成效。

韦尔奇认为，这一做法帮助公司建立了一种文化，"在这种文化里，每一个人都能发挥作用，每一个人的想法都能受到重视。"企业经理是在"领导"而不是"控制"公司，"他们提供的是教练式的指导，而不是牧师般的说教。"

2）创造和提倡"无边界"理念

"工作外露"计划推广遇到的最大障碍就是公司里的各种界限，在如何突破这些界限时，以韦尔奇为首的 GE 最高管理层提倡一种"无边界"理念。对此，韦尔奇写道："我预想中的无边界公司应该将各个职能部门之间的障碍全部取消，工程、生产、营销以及其他部门之间能够自由流通，完全透明。在无边界的公司里，'国内'或'国外'业务没有什么区别，他意味着我们在布达佩斯或者汉城工作就像在路易斯维尔和斯克内克塔迪一样舒适。"

第 7 章 核心能力的修炼：发展学习型组织

"一个无边界公司将把外部的墙推倒，让供应商和用户成为一个单一过程的组成部分。"

"作为一个无边界公司，它将不再仅仅奖励千里马，它还要奖励伯乐，奖励那些甄别、发现、发展和完善了好主意的人。其结果是鼓励公司的各级领导与他们的团队一起分享荣誉，而不是独占。这将使我们所有人之间的关系产生巨大的变化。"

很快 GE 公司就"无边界"理念建立了一套推广系统，1991 年，在公司 C 类的人力资源检查会议上，公司高层开始对经理们的无边界行为评级打分，进行高、中、低三个等级的评价。如果一个人的姓名旁是一个空空的圆圈，那么这个人就要尽快改变自己了，否则就得离开这一岗位和公司。

在无边界理念指导下，公司形成了一种明确的价值观念，据此，将不同级别的经理们归结为四种类型：第一种类型的经理能够实现预定的目标，并且认同公司的价值观，这类人在公司将有良好的发展前景。第二种类型的经理是那些没有能够实现预定目标，同时也不能够认同公司价值观的人，这类人将不能留在公司。第三种类型的经理没有能够实现预定的目标，但是能够认同公司所有的价值观。对这类人，公司还给其发展机会。第四种类型的经理就是能够实现预定的目标，取得经营业绩，但是却不能认同公司价值观的人。他们压迫人们工作，而不是鼓舞人工作。韦尔奇认为这种类型的人是最难处理的。在其他的情况下，这种类型的经理也有生存的价值，但在一个无边界行为成为公认价值观的公司里却不能被容忍。

通用电气公司不仅是这样提倡的，也是这样做的。韦尔奇在博卡的 500 人的业务经理大会上明确告诉他们，有四位业绩很好的公司经理离开 GE 就是因为不能尊奉公司的价值观。因为在韦尔奇看来，没有具备这些价值观的人，根本谈不上什么直面现实、坦诚、全球化、无边界、速度和激励，也就不能很好地实现公司的战略目标。

"'公司外露'计划已经开始在公司里建立起学习型文化，'无边界'

理念则为我们这一文化增添了新的动力。"结果，公司提出的"每天发现一个更好的办法"不再仅仅是一个口号，它成为无边界行为的本质，成为公司的期望。在经过多年的 GE 硬件建设——重组、收购以及资产处理，无边界成了通用电气公司"社会结构"的核心。

通过这一系列的行动，GE 创造了一种学习型的文化，这使得 GE 不仅仅是"各个部分的简单加总"，"不是一团庞大体积的堆积物"，而是一个充满活力，实现了 1 + 1 > 2 的优秀团队，实现了韦尔奇在就任董事长时提出的一个理念——整合多元化，使下属各个企业之间充分分享整个 GE 公司创造的竞争优势。

（3）不断学习，善于学习

1）企业高层带头学习

1995 年，韦尔奇在《财富》杂志上读到一篇文章，讲述的是可口可乐的带头人和他的团队如何向公司的管理人员教授领导技能。这立刻引起了韦尔奇的极大兴趣，他立刻要求 GE 领导团队的每一位成员都要教一堂课。因为在此之前，公司的总部高层领导和各个下属公司高级管理人员总是零零星星地讲点这种课，而可口可乐的模式使得课堂上的学员能够更真切地观察和学习公司里做得最成功的榜样人物，也使公司领导能更广泛地了解公司。

在通用高层领导中，只要有新的观点和有启示性的东西，大家会千方百计地把它变成可以推广应用的东西。不仅在公司内部寻找新方法，即使是公司外部也是不计代价地寻获。1991 年沃尔玛的创始人萨姆·沃尔顿邀请韦尔奇参加公司的经理会议。在这次拜访中，韦尔奇学到了沃尔玛的理念。每个星期一，美国本部的沃尔玛各个地区的经理都要飞到自己负责的区域，在随后几天里，他们要巡视自己的商店，考察竞争对手的经营情况，星期四的晚上他们要飞回本顿维尔总部，星期五上午他们要与公司的高级管理人员开会，汇报从基层得来的各种信息并立刻采取行动。因此，在每一家商店柜台旁的消费者行动，公司的最高管理层都会了如指掌。企业对市场信息的高度敏感和企业高科技的服务系统的完美结合是沃尔玛成功的秘诀之一。正是运用这种结合，使沃尔玛在不断成长过程中始终保持了小公司一般的灵敏反应力。

韦尔奇立刻派他的管理团队到沃尔玛学习，将其做法移植过来，命名为"快速市场信息"在企业推广，这一做法非常有效，很快将 GE 所有管理人员与用户之间的距离拉近了，并创造了"现场解决产品适用性纠纷"的有效管理。

2）管理员工自主学习

在 GE，不断学习、不断创新已成为每一个人的座右铭。旁埃德·特鲁特是通用电子产品业务主管生产的副总裁，他们的部门创造了一种"矩阵"，这个矩阵可以帮助他们从他的 40 个工厂里找到最好的生产管理办法。他们首先确定 12 个对所有工厂都相同的衡量标准和程序。然后，他要求每个工厂的经理在每一个项目上给自己评分，项目包括存货周转、定单完成情况等。这一矩阵加入量化测评的方法后，透明度很高，使得每个人都对此非常重视。没有人想落在最后，因此，经理们争先恐后去做得最好的工厂参观学习，想方设法把自己的工厂搞得更好。结果，GE 电子产品领域的经营利润率由 1994 年的 1.2% 上升到 1996 年 5.9%，2000 年的 13.8%。

管理员工自主学习的最大收获是集思广益，花费最少的成本学习别人，这已在通用形成惯例。1999 年，通用电气公司得知电力公司通过使用供应商在线竞价系统节省了大笔进货开支。GE 的管理人员立刻开始仿效。但是购买现成的软件系统至少要花费 10 万美元，还有一些沟通费用。有关部门的主管人员进行了一番咨询后，决定自己动手制作这套系统。他们聘请了宾夕法尼亚州立大学的学生，在公司的软件工程师的帮助下，仅用了三周的时间，花费了 1.72 万美元就开发出了一套样板系统。两周以后，成交了第一笔交易，半年之后，公司在线采购已达数十亿美元。

3）针对问题学习改进

GE下属的加里·雷纳公司行动集团的管理人员在1992年通过分析公司综合指标发现，GE的产品销售价格每年下降1%，而进货成本却在持续上升。他们通过一个简单的示意图来说明这个趋势，根据图中所形成的曲线，这一图表被称为"怪物图表"。所谓"怪物图表"是因为企业的销售价格和进货成本之间的差额日益减少，企业的利润也越来越低。如果不立刻采取措施，GE的发展前景极不乐观。于是公司立刻开展了如何降低进货成本的大讨论，很快制定出了降低进货成本的改革方案，并将降低进货成本的评估指标纳入了公司主抓物资供应的管理人员的工作业绩的考核内容。在随后的四年里，各公司负责物资供应的领导每个季度都要到公司总部参加物资供应季度会议，由GE主要领导主持讨论和分享各个公司最好的物资供应管理办法。结果，那张价格下降、进货成本上升的"怪物图表"很快就被GE"杀"死了。

第 8 章 围绕核心能力的企业多元化战略

8.1 企业多元化战略概述

8.1.1 多元化的科学含义

20 世纪 50 年代美国学者安索夫（Ansoff）提出了多元化经营战略（diversification strategy）的概念，指出多元化经营主要是针对企业经营的产品种类数量而言。遵循安索夫关于多元化的概念，1959 年彭罗斯（Penrose）在她的《企业成长理论》一书中认为多元化包括了最终产品的增加，纵向一体化程度的增加，以及企业生产领域数量的增加。而生产领域数量的增加对多元化的度量最为重要。彭罗斯的定义更具体化，更加接近企业多元化的实质。1962 年美国学者戈特（Gort）指出，多元化是指企业产品的市场异质性（Heterogeneity），他强调的市场异质性不同于同一产品的细微差别化。因此，可以给企业多元化下这样的定义，即指企业的产品或服务跨一个以上产业的经营方式或成长行为。

Rumelt 根据经营活动的相关性把公司分为四种类型：①单一业务公司（Single business），即 95% 以上的经营收入来自单一产品或服务；②主导业务公司（Dominant business），即 70%~95% 的经营收入来自主导产品或服务；③相关业务公司（Related business），即主导产品或服务收入的比例低

企业核心能力 *战略*

于70%，同时与其他业务相关，业务相关性主要是指企业的各项业务活动在产品组合、技术、工艺、顾客等方面的关联程度；④不相关业务公司（Unrelated business），即主导产品或服务收入的比例低于70%，而且没有大量的相关业务领域。

日本学者小野采用安索夫最早提出的观点，把相关多元化细分为三类：市场相关型、技术相关型、技术市场相关型。为解决具体分类时的客观依据问题，小野采用"标准产品分类（SPC）"，以 SPC 代号前两位相同为市场相关产品；而以"标准产业分类（SIC）"代号前两位相同者为技术相关型。他发现：第二次世界大战前许多家族财团公司（无论集团公司还是独立公司）的多元化水平都是较高的。

波特（1985）在其著作《竞争优势》中，把工商管理中的相关性细分为：经营单位之间的相互关系、有形的相互关系、无形的相互关系、技术的相互关系、竞争者之间的相互关系。他还阐述了相关性与多元化战略、如何实现相互关系以及互补性问题。波特强调：选好核心业务是企业战略的基础，他还提出企业多元化发展时，新选业务应首先通过的三项测验：①行业吸引力测验；②进入成本测验；③互益性测验。《国家竞争优势》（Poter，1990）归纳了搞好多元化的几个要旨：①选本国最具引入条件的行业；②尽量从本领域延伸；③坚持内部发展或小型兼并。

许多人都知道多元化是指企业跨不同产业经营，然而对不同产业的含义却缺乏科学、准确的认识。目前，国际普遍采用美国统计署开发出来的标准产业分类（Standard Industry Classification，SIC）来划分企业所从事的产业范围，SIC 结构具有层次性、层次相关性、同质性等特征，因此利用 SIC 分类方法划分企业经营业务的种类，研究企业多元化经营状况最为科学与规范。SIC 结构如图 8-1 所示。其中英文字母、两位数、三位数、四位数分别表示门类、大类、中类、小类。通过分析 SIC 结构，可以得出如下结论：随着从大类到小类的逐步细分，产业在产品、技术或市场上的相关性越来越强。在同一四位数 SIC 产业内，可认为是市场同质的，若企业在同一四位数 SIC 产业内经营，则视为没有多元化经营行为；如果企业跨不同四位数 SIC 产业经营，则存在多元化行为，跨 SIC 四位数产业数目越多，各产业距离越远，其多元化总体程度也越高。按照 SIC 科学分析方法，鲁姆特的后三类企业其实都是多元化企业。我们还可以把多元化经营从总体上划分为两类：相关多元化与异质多元化，相关多元化是指企业经营的各个产品领域在产品组合、技术、工艺、顾客等方面具有较强的相似性与关联性，比如目标顾客相同，生产工艺相似，核心技术一致等；异质多元化是指企业经营的各个产品领域在产品组合、技术、工艺、目标顾客等方面具有较大的差异和距离。

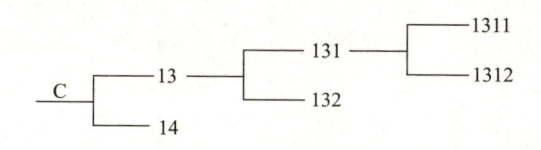

图 8-1　SIC 结构

8.1.2　国内外企业多元化经营的历程

分析企业多元化概念的准确含义，结合实际可以发现，现实中稍具规模的企业很多都存在多元化经营行为，多元化其实是一种很普遍的经营实践，所不同的只是多元化相关与异质的差异程度。据统计，1949 年进入美国《财富》500 强的企业，到 1970 年大部分都成为多元化企业；德国从第二次世界大战后到 1970 年，前 100 家最大工业企业中，多元化企业的数目达到了一半以上；英、法、日、韩等国也出现过类似的情况。还可以参考一下美国《财富》500 强企业的情况，1949 年美国《财富》500 强中，单项业务企业、主导产品企业、相关联多元化企业和无关联多元化企业所占的比例分别为 28%、38.7%、29.2%、2.9%，而 1996 年，这个比例已经演变为 6%、14%、59%、21%。波特（M. E. Porter）分析了美国 1950~1986 年 33 家管理卓越、业绩领先的公司，发现他们几乎全部是实行多元化经营策略的企业，33家企业中，平均每家企业经营114.8种产品，其中有80.1种产品对企业而言是新领域，这些数据也可以证明企业到一定阶段多元化经营的必然性。"多元化"概念自安索夫在20世纪50年代提出以来，迅速被企业界接受并付诸实践，20世纪60~70年代全球范围内掀起了多元化的狂潮。如表8-1所示是美国大企业在20世纪40年代末到80年代末多元化战略类型的变化。

表8-1 美国大企业多元化战略类型的变化　　　　单位:%

类型	年份					
	1949	1959	1969	1974	1981	1987
单一	40.2	22.8	14.8	14.4	23.8	30.4
主导	28.2	31.3	26.1	22.6	31.9	28.1
相关多元化	25.7	38.6	41.1	42.3	21.9	22.4
无关多元化	4.1	7.3	18.7	20.7	22.4	19.0

在20世纪70年代世界经济波动的冲击下，这些多元化企业表现出相当出色的生存和发展能力，但进入20世纪80年代后，不少通过多元化经营形成的大企业开始遇到严重的问题，多元化热潮也开始渐渐消退。一方面，由于企业资源分散在多个业务领域，分散了企业在具体业务领域的资源实力，尤其是影响了需要相当资源保证的核心业务或主营业务领域的竞争实力，损害了企业的利润"发动机"，另一方面，由于业务领域高度分散，不同领域的管理模式各不相同，这就对企业的管理者提出了更高的要求，同时使企业内部集权和分权矛盾加剧。最后，随着经济全球化趋势的不断发展，许多产品和行业的市场都迅速扩张，不少领域通过内部扩展或在核心产品领域扩展的空间和利益明显增加，从而使多元化战略的吸引力明显下降。国外有关研究结果也显示，与同行业兼并相比，成功率很低。于是，不少多元化企业开始退出不相关的经营领域，将力量集中于主营业务，逐渐形成了可称之为"归核化"(Refocusing)的新潮。美国的GE公司1981年就提出"数一数二"原则，把所有经营的60多个行业逐渐归拢

为 13 个核心行业，获得极好的效益。于是，许多大公司积极效仿，如埃克森石油、IBM、可口可乐、柯达、道化学等。据英国学者马凯兹分析：20 世纪 80 年代美国最大 250 家企业中，仍多元化扩张的仅占 8.5%，而搞归核化的已达 20.4%。1995 年 9 月 20 日美国电报电话公司宣布将"一分为三"，当天该公司股票市值上升近百亿美元，使"归核化"浪潮达到了一个高峰。

20 世纪 90 年代初，受资本经营和低成本扩张的诱惑和推动，使我国企业也掀起了一股多元化经营的热潮，不少企业纷纷向不相关领域投资，形成了不少跨行业的大型企业集团。在这些多元化企业中，不乏成功的案例，但多数企业的多元化努力是失败的。熊猫彩电在 20 世纪 80 年代曾有过不错的业绩，但进入 20 世纪 90 年代后，由于盲目进入通信、计算机制造、VCD、洗衣机、寻呼机、空调机等多个领域，对自己的主营业务没有清晰的定位，致使不仅多元化经营没有搞好，反而连带着使熊猫彩电的品牌形象也受到了损害。以桌面排版技术起家的巨人集团在实施多元化时，曾在不到一年的时间里推出了 100 多个品种，最后招致全军覆没，这是全面铺摊子、搞无限多元化的典型例证。也有一些企业能及时调整经营战略，减少了失误造成的损失。如深圳的赛格集团曾大量铺摊设点，收购兼并，什么赚钱干什么，投资过于分散，没有一个主导方向，造成企业亏损严重，负债累累。从 1993 年起，为了避免先前盲目多元化对企业竞争力和效益造成的危害进一步扩大，赛格集团明确了主导产品和产业，以抓"大项目"为突破口，加强了对主营业务领域技术开发的力度，同时，从公司的总体发展战略出发，对低效资产或对集团主业发展潜力不大的资产和企业，通过合并、收缩网点、股权转让、破产等多种形式，进行资产重组和剥离，先后调整了 50 多家企业。通过明确集团的主业方向，调整产品结构，理顺产业链条，企业获得了长足的进步。

8.2 核心能力与企业多元化战略

8.2.1 核心能力与企业多元化战略之间的关系

普拉哈拉德和哈默尔（C. K. Prahalad & G. Hamel，1990）指出，企业核心能力是企业内部集体学习的结果，尤其是生产过程的协调和多元化技术综合的结果。和物质资本不同，企业的核心能力不仅不会在使用和共享中丧失，而且会在这一过程中不断成长。因而，核心能力是企业内部组织成员共同作用和相互渗透的结果，具有明显的社会复杂性，它在整体上具有一定的独立性，难以简单量化到个人或者还原为各部分之和。同时，核心能力大量地表现为非正式的隐性知识，只能在具有某种共同经验的团队成员之间才能充分共享。

普拉哈拉德（C. K. Prahalad）和哈默尔（G. Hamel）有一个形象的比喻：多元化经营的企业就像一棵大树，树干和树枝是核心产品，较小的树枝是经营单位，而树叶、花、果实则是最终产品。提供抚育、营养和稳定性的根系就是核心能力。这个比喻形象地说明了核心能力与多元化经营之间的关系。

（1）核心能力是企业多元化经营的基础。多元化意味着企业进入新的行业。如果没有坚实的核心能力做基础，企业很难在新领域建立竞争优势，甚至会使原有的经营领域受到牵连而直接威胁到企业的生存。"巨人"集团在这方面提供了深刻的教训。"巨人"从 1989 年 8 月开始创业，开始的几年间，"巨人"以自己开发的独有的软件产品为根本，取得了辉煌的业绩，到 1992 年年底，销售收入近 2 亿元人民币，实现纯利润 3500 万元。当财富迅速积累后，史玉柱为规避竞争和风险，从 1993 年开始，便开始实施多元化战略，同时进入了两个与现有核心能力无关的、企业并不熟悉的新行业：保健品和房地产。后来的事实很快证明：这一战略转移是"巨人"走向衰落的关键点。非但没有规避竞争和风险，反而殃及主业，最终使企业步入危机。"巨人"的教训表明，企业正确的做法应该是首先把主业做大、做强，在此过程中培育自己的核心能力，然后，以此为基础再进入其他相关行业。如无锡小天鹅洗衣机，通过多年坚持不懈的技术开发，在微处理器技术方面取得了相当的优势地位，该技术是支持它在洗衣机行业取得有利竞争地位的核心能力。由于微处理器技术在家电产品中的通用性，小天鹅将这一优势扩展到其他存在很好技术关联性的产品领域，如微波炉、电饭锅、数码录音机等，并取得了相当好的效益。海尔在1984～1991年7年间，只生产电冰箱一种产品，坚持专业化生产，在管理、品牌、服务及企业文化等方面形成了自己的核心能力，以这些能力为基础，海尔从1992年开始进入其他行业，实施多元化战略，取得了极大的成功。不论是小天鹅，还是海尔，成功的主要原因在于其多元化经营是建立在核心能力之上的。

（2）多元化的企业应是核心能力的组合，并非是传统意义上的产品和事业的组合。一个取得领先地位的企业，必须把自己看作是核心能力的组合，并在核心能力、核心产品和最终产品三个层次展开竞争。如果企业在建立核心能力的竞赛中获胜，而不是仅仅在某几个方面取得优势，它将在新事业的发展中超过竞争对手。

（3）从企业的发展战略来看，所谓的"多元化"或"集中化"，仅仅是个形式问题，从本质上讲，是企业的核心能力问题。实际上，集中化与多元化并不矛盾。多元化决不是资源配置的分散化，而是根据集中化的原则优先配置资源的结果。集中的原则永远是争取胜利的铁律。孙子在讨论集中化与分散化时，有精辟的论述，"备前则后寡，备后则前寡，备左则右寡，备右则左寡；无所不备，则无所不寡"（孙子兵法·虚实篇）。这不仅说明了资源不宜分散，也同时说明了集中原则的重要性。企业竞争也是如此，如果想从各个方面都获得竞争优势，而企业资源又不允许，面面俱到的全线出击就会陷入捉襟见肘的境地。莫不如将有限的资源集中于企业的核心能力上来。只有从核心能力出发来发展多元化，企业才能在激烈的竞争中打不倒、摧不垮，无往而不胜。

8.2.2 围绕核心能力的多元化战略类别

在关于多元化战略的研究中，如何划分多元化战略类型又是一个十分关键的问题。国内外已有不少研究者作出了许多不同标准的分类，归结起来主要有：Wrigley类别法、Rumelt类别法、熵度量法等几种方法。这些划分方法由于在考察企业业务的关联性时，只能考虑到业务关联性中的一个或几个有限的方面，如共享的设施、共享的技术、相似的分销渠道或共同的市场等，不能充分全面地包含其他重要因素，所以这些划分标准不能揭示多元化经营类型的本质，因此，采用这种划分方法分析问题也往往缺乏说服力。更要注意的是采用这种划分方法指导实践时盲目性也较大。如前文所述，由于核心能力反映的是企业的综合素质，而不是企业某一方面的技术或技能，所以采用核心能力作为多元化战略类型的划分标准，可以很好地克服以往企业多元化战略分类方法的不足。

从核心能力出发，可将多元化战略划分成两种（见图8-2）：一种是非基于核心能力的多元化战略，即企业所进入的各个行业与企业目前所拥有的核心能力无任何相关关系；另一种是基于核心能力的多元化战略，即企业以核心能力为基础，进入与核心能力发挥有关的各行业。基于核心能力的多元化战略又可分为两种：一种是约束型基于核心能力的多元化战略，即所进入的各个行业除了要以核心能力作基础外，各行业间也要具有较强的相关性；另一种是非约束型基于核心能力的多元化战略，即企业以自己已经建立起来的核心能力为基础进入各行业，但这些后进入的各行业间相关关系较弱。

多元化战略的分类 { 基于核心知识竞争力的多元化战略 { 约束型基于核心知识竞争力的多元化战略 / 非约束型基于核心知识竞争力的多元化战略 ; 非基于核心知识竞争力的多元化战略

图8-2 围绕核心能力的多元化战略的分类

第 8 章　围绕核心能力的企业多元化战略

从核心能力出发,还可将多元化战略划分为单一核心能力的多元化战略和多核心能力的多元化战略。单一核心能力的多元化战略是指公司经营的产品或业务基于一种核心能力。多核心能力的多元化战略则是指基于两种或两种以上核心能力。

企业的核心能力与实施多元化战略的公司的关系可以用如图 8-3 和图 8-4 所示来形象地表示。支持产品和品牌的核心能力好比是公司的地基,而公司的品牌好比是公司的屋顶,在两者间的核心产品和战略经营单位(SBU),它们都建立在共同的地基之上,支撑着同一个屋顶。

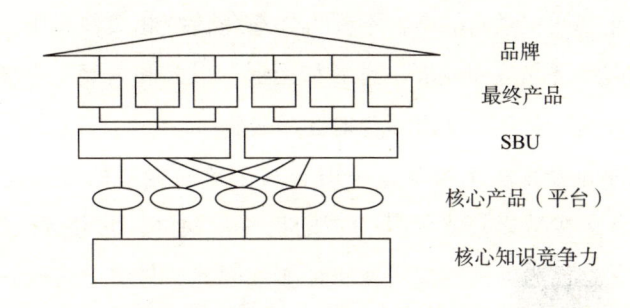

图 8-3　基于"单一核心能力"的多元化公司的构想

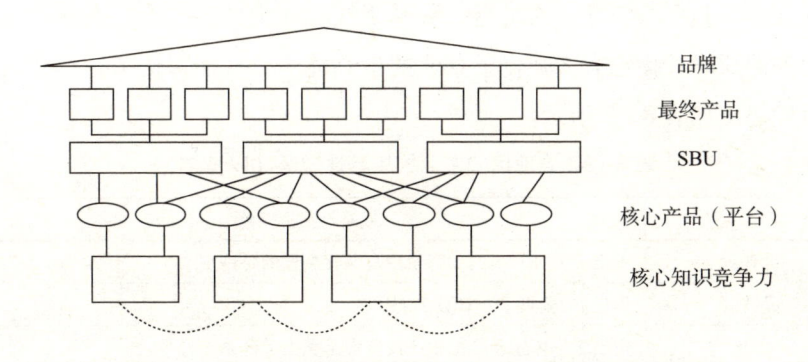

图 8-4　基于"多元核心能力"的多元化经营公司的构想

基于核心能力的多元化战略的划分方法的最大好处在于:①避免了企业进入那些表面上看起来相关的行业,实际上从核心能力上看并不相关,从而招致经营失败。20 世纪 70 年代后期,英国石油公司和埃克森石油公司等一大批石油公司纷纷涉足采矿业。可是,十年后,他们却纷纷退出。

原因是：除了具有石油开采能力之外，采矿业还需要低成本的提炼能力和采矿权，而这正是石油公司的欠缺之处。②拓宽了企业对业务的视野，使企业凭借其强大的核心能力进入看起来并不相关的行业，从而使企业能抓住稍纵即逝的机会，获得巨大的成功。例如，"佳能"在光学、图像处理和微处理器控制等方面的核心能力，使它能很方便进入甚至统治像复印机、激光打印机、摄像机和图像扫描仪等从外部看大不相同的市场。"松下"在消费品电器（收音机、电视机）上的品牌转移到微波炉上，这使"松下"很容易地低成本进入了微波炉市场。③从企业核心能力出发来审视与分析企业多元化经营战略，不仅可以避免传统相关性思维的局限，而且可以从规模经济和范围经济、有形和无形、形式和内涵、市场结构与活动过程等多方面综合化、动静结合地选择战略。

按照这种划分方法来衡量，采用非基于核心能力的多元化战略的企业，历史上除了少数以资本经营为主的投资公司外，其经营失败率最高，且绩效最差，这已为国内外的实践所证实。因此，许多著名的跨国公司通过回归主业，以进一步增强其核心能力。需要注意的是，这里所说的回归主业并非回归单一业务，而是指一种基于核心能力的多元化。企业对非主营业务的战略性撤退大大强化了企业的核心能力，从而保证了企业持久的竞争优势。如表8-2所示。

表8-2　企业回归主业的战略性撤退（1996年）

企　业	战略性撤退策略
爱普森	退出个人计算机的大容量软盘储存装置的特许生产
爱普森	退出PC98型个人计算机的生产
TDK	退出半导体生产，把生产设备卖给美国的硅系统公司
旭化成工业	退出光盘生产
富士通	退出SRAM（随机储存与读出的储存器）的生产
富士通·东芝	退出高清晰度画面处理IC的开发
雅马哈	退出体育俱乐部的经营，退出手提电话的生产
森永制果	退出汉堡连锁店经营

8.3 案例分析：海尔集团的多元化战略

海尔集团是一家成功实施基于核心能力的多元化战略的典型企业。海尔自 1984～1991 年 7 年间，只生产电冰箱一种产品，坚持专业化生产，使"海尔"牌冰箱成为当时中国家电行业唯一的驰名商标，并通过美国 UL 认证出口到欧美国家。同时，海尔集团 OEC 管理法基本形成，全国性销售与服务网络初步建立起来。海尔以自己的品牌、服务、独特的管理以及制冷技术等方面所形成的核心能力为基础，1992 年开始进入冰柜、空调等制冷行业，开始围绕自己的核心能力开展多元化经营。

海尔在制冷家电行业经过三年多的经营，进一步强化了海尔的核心能力，并形成了独具魅力的海尔文化。1995 年 7 月，海尔集团兼并名列全国三大洗衣机厂的青岛红星电器股份有限公司，大规模进入洗衣机行业。这起兼并案成为海尔文化吃"休克鱼"成功案例之一（这起兼并案被哈佛商学院编入教案）。之后又先后进入热水器、小家电、微波炉、洗碗机等白色家电行业。海尔在白色家电行业经营两年后即 1997 年 9 月又进入黑色家电行业，生产彩电、VCD、传真机、电话等产品。海尔之所以高速成长，是基于其 1984～1996 年这 13 年间所形成的企业核心能力。

自 1998 年上半年开始，海尔集团为充分有效地发挥企业核心能力的作用，大规模地进入知识产业，如新材料、计算机、通信等领域。同时，海尔以中国"入世"为契机，实施跨国经营战略。海尔实施跨国经营策略是：将海外发展的目标定位于世界市场的发达国家，其中绝大部分力量放在美国市场，因为一旦在发达国家市场站住脚，其他国家市场就比较容易进入。截止到 2001 年，海尔在国外的营销网络有 38000 多个，出口到 160 多个国家，美国的"十大"连锁店已进去六家。成为名副其实的跨国公司。

为提升海尔的国际竞争力，1999 年海尔在青岛建立了"海尔开发区工业园""海尔信息产业园"；在美国建立了"美国海尔园"。为进一步提高海尔企业人员素质，海尔还投资兴建了海尔培训基地——海尔大学。这些园区和培训基地的建立，不但可以提升海尔产品在国际市场上的竞争力，更重要的是为海尔的发展培育新的核心能力。

如今的海尔集团其业务涉及家电、住宅设施、机电产品、信息产品、生物制药、模具设计、彩色钢板及机器人等多类产业，上万种产品（见表8-3），其多元化战略选择如表8-4所示。

表8-3 海尔集团产品类别和品种

类别	产品
家电产品	电冰箱、空调、干燥消毒柜、洗碗机、吸排油烟机、电熨斗、冷柜、电热水器、电视机、吸尘器、微波炉、燃器灶
住宅设施	整体厨房、整体卫浴
机电产品	洗衣机电机、空调电机、开关插座
信息产品	计算机、掌上电脑、手机、DVD、MP3播放器
生物制药	药品、保健品
模具设计	主要生产30吨以下的大中型塑料注射成型模具
彩色钢板	加工范围从高档的家电壳体用彩塑钢板（VCM）到建筑及室内外装饰用彩涂钢板（PCM）
机器人	致力于注塑、搬运、水平关节、点焊、弧焊等五种目标产品、12种规格系列的机器人系统开发及产业化批量生产，并承接自动化物流工程及机器人应用工程

表8-4 海尔集团多元化战略选择

时间（年）	经营领域	新进入行业	多元化战略类型	说明
1984~1991	单一家电	电冰箱	集中化战略	1984~1991年7年间，海尔坚持专业化经营，逐步形成了海尔的品牌、服务、市场、独特的管理以及制冷技术等方面的核心能力。从1992年开始，海尔以核心能力为基础，开始其多元化经营
1992~1994	制冷类家电	冰柜、空调	约束型基于核心能力的多元化战略	
1995~1996	白色家电	洗衣机、热水器、微波炉	约束型基于核心能力的多元化战略	
1997	全部家电（白色、黑色、小家电）	彩电、小家电	约束型基于核心能力的多元化战略	

第8章 围绕核心能力的企业多元化战略

续表

时间（年）	经营领域	新进入行业	多元化战略类型	说明
1998	全部家电、住宅设施、生物制药	住宅设施、生物制药	非约束型基于核心能力的多元化战略	1998年，海尔集团试图进入生物制药行业，但由于缺乏生物制药这方面的核心能力，最终退出了该行业
1999~	家电、新材料、IT、通信、房地产、模具制造、CAD/CAM/CAE软件开发、生物制药、机器人	知识型产业、房地产	非约束型基于核心能力的多元化战略	

　　海尔的核心能力归结起来，就是持续不断的技术创新、完善的服务体系、遍布全球的市场网络和独具魅力的海尔文化以及严格的管理。海尔的实践表明，知识经济时代，企业拥有核心能力是企业持续、健康、稳定成长的关键。1995年时，海尔是进入世界"500强"入围标准的1/19，1996年提高到1/12，1997年提高到1/6，1998年提高到1/4，1999年是1/3，2000年是1/2，2001年达到2/3。在认识到核心能力关键作用的同时，也要看到，企业核心能力的培育不是一朝一夕就能够完成的，企业核心能力是在某种特定的气氛中渐渐积累沉积于企业机体的，这种气氛就是文化。海尔的企业文化运作的核心能力就是经过海尔人数年的努力才建立起来的。因此，我国的大型企业要根据行业及企业的不同特点，积极培育和挖掘企业的核心能力。比如，对制造业的企业来说，要充分利用好我国的人力资源、成本以及市场的比较优势，建立自己的核心能力，参与到国际竞争中。海尔集团就是制造业企业成功的典型代表。

8.4 我国企业实施多元化战略应注意的几个问题

新中国经过 60 多年的发展，特别是经过改革开放 30 多年的发展，我国经济已形成一定总量规模和比较完善的工业体系，取得了举世瞩目的成绩。但同时也要看到，在我国经济的发展中，还缺乏一批能够支撑和带动经济结构优化升级的大企业，特别是缺乏拥有自主知识产权、主业突出、核心能力强的大公司和企业集团。而实施围绕核心能力的多元化战略对培育中国的世界级企业颇有借鉴意义。

首先，企业要从战略的高度建立和经营自己的核心能力，这是大型企业能否成为世界级企业的基础和根本。尤其在当今的知识经济时代，产品和技术的生命周期不断缩短。而企业的核心能力却不会轻易受到大的影响，它可历经多代产品而长盛不衰。相反，当核心能力被应用和共享时，不会因为使用而削弱，反而会加强。但核心能力需要培育和保护。比如，"中国彩电大王"长虹电子集团十多年来奉行集中化经营策略，1989～1996 年以四川为生产基地，拓展全国市场，并稳坐中国彩电第一把交椅。1997 年开始，长虹实施多元化经营战略，先后进入了空调器、VCD、电池等家电新行业，但之后长虹业绩出现了下滑的趋势，引起很多媒体的注意。长虹集团曾提出要塑造"百年长虹"的战略目标。知识经济时代，"百年长虹"目标的实现，最根本的是要建立和经营自己核心能力，并要不断地发展和创新。

其次，从我国目前乃至今后一段时间的发展来看，非约束型相关多元化战略是一种比较符合我国大型企业状况的战略选择。理由有三：①因为我国目前乃至今后几年经济仍将处于高速发展时期，存在大量的商机，这种战略可通过多元化抓住其他行业的新机会，从而满足企业成长的需要。比如，海尔就是通过多元化经营，抓住了稍纵即逝的市场机遇，实现了快速成长；②非约束型多元化战略是从自己所建立起来的核心能力出发的，并不是进入一个完全没有优势和陌生的领域,所以有利于发挥自己的优势;③实施这种战略不仅可提升原有核心能力,还有利于培育新的核心能力,使企业在未来的竞争中立于不败之地。比如"佳能"在进入激光打印机市场过程中,也培养了复杂电子产品的设计、制造和服务能力,然后,公司把这些能力又用到了复印机业务上,大大地改进了复印机的电子控制能力,使产品具备了自动计数和控制进纸的能力。

再次,企业实施非基于核心能力的多元化战略要慎重选择。如果实施,可考虑采用多元核心能力的多元化战略,即企业由经营一种核心能力上升为经营两种以上核心能力。这方面典型的例子是美国通用电器公司(GE)。GE 是高度分散型的公司,对于如此分散型的公司,用一种核心能力很难统一。GE 从核心能力出发,将自己的业务归类,并分别归属于不同的核心能力,由于公司管理的重点从原来的注重成千上万种业务转变为注重有限的几种核心能力,简化了管理,从而获得非常好的实际效果。海尔快速扩张,有人担心业务过度分散会造成效益下降,这不是没有道理。我国的一些企业不妨借鉴 GE 的成功经验,走多元核心能力战略,以解决由于管理复杂而带来的问题。

综上所述,随着知识经济时代的到来,知识成为企业"唯一有意义的资源",而能为企业带来增值的核心能力成为企业持续成长的关键。理论和实践表明,多元化经营的出现和发展是产业走向成熟的必然结果,是企业发展到一定规模后的必然选择。所以,当务之急是要揭示出隐藏在多元化成功和失败后面的那些带有规律性的东西。笔者提出的以核心能力为基础的多元化战略是值得我国大型企业以及学术界考虑和研究的一个新课题。成功企业的实践证明,只要把注意力集中到核心能力上,企业不仅可以培育和增强其核心能力,而且还会在经营中逐渐获得一种产业洞察力,帮助企业不断拓展公司业务,并将给企业一个更加广阔自由发展的空间。尤其重要的是,实施基于核心能力的多元化战略,可以使企业挖掘交叉领域的商机,成为新产业的开发者和领导者。

第9章 核心能力与持续竞争优势

9.1 核心能力的维度

企业核心能力这一概念从诞生起的那天起就深深地印上了"知识"的烙印。它是企业在长期生产经营过程中形成的以知识为基本构成要素的实体性与过程性相统一的成长协调系统，它包括核心知识和知识运作能力两个维度。核心知识是从知识的实体性角度说明企业的知识、技术、技能等具有的独特性与用户价值性，强调业务价值链某一点上的技术技能或生产技能；知识运作能力是从知识的过程性方面显示企业转移、交流、共享知识而使其物化成能为客户提供特定好处的产品或服务的效率，强调的是整个业务价值链从开始到结束连续的一系列行为，为内部的或外部的客户提供服务。

9.1.1 核心知识

根据各种知识在企业中的作用可以将知识划分为一般知识、基本知识和核心知识三个层次，知识层次及其特征如表9-1所示。

表 9-1 知识层次及其特征

知识层次	特　征
一般知识	最基本的；对新企业进入会造成障碍；不能提供竞争优势
基本知识	提供企业在市场中生存能力；通过应用体现一定的竞争优势；使同一市场内的企业产生正面交锋
核心知识	独一无二的专长；使竞争优势明朗化；使企业在行业中领先；使企业改变行为规则

一般知识是同行业每个企业都掌握的最基本的知识，并不能给企业带来竞争优势，但其构成了相对于产业外潜在进入者的竞争优势。例如胶卷行业，化学胶片技术对于柯达公司和富士公司都属于一般知识的范畴。基本知识仅提供企业在市场中生存能力或可构成企业在行业内的竞争优势，但并不能为企业带来超额利润。基本知识可使企业的知识在水平、范围、质量上与其竞争对手相当甚至更优，由于具体的知识结构不同，企业之间也会产生知识差异，这种知识差异必然通过产品或服务市场体现出来，拥有某种知识结构的企业必然会凭借这种知识差异而略胜一筹。知识差异通过市场差异的积累形成竞争优势。例如，柯达公司丰富的全球营销知识和经验使得柯达公司在产品创新和市场开拓上总是比富士公司略胜一筹。真正能给企业带来竞争优势的知识是核心知识。核心知识的本质在于创新。核心知识能够激励企业始终保持一种创新张力，在产品的推出上不断创新，在技术支持上保持领先，并且引导企业不断开拓新的事业领域。企业核心知识是一种组织知识，是一种智慧和经验融合起来的能力，能使企业为客户提供某种无形资产和智力资产中的关键部分，反映了企业的本质。相对于竞争对手而言，核心知识是企业独一无二的专长和能力。例如，柯达公司对电子成像技术和化学胶片技术都非常擅长，它将这两种技术成功地结合起来，创造出胶片光盘，给胶卷业带来了翻天覆地的变化。相对于仅仅擅长电子成像技术的佳能和仅仅擅长胶片技术的富士而言，柯达公司拥有领先于同行业企业的核心知识，并且成功地改变了游戏规则，在变革

中形成了短期内难以逾越的竞争优势。

9.1.2 知识运作能力

所谓知识运作能力，是指通过对知识的创造、积累、开发、占有、配置、生产、流通、分配、消费等途径，以实现企业知识资源最大限度保值增值为最终目标的一种能力。有效的知识运作可以通过对内强化知识管理经济价值和对外寻求知识的市场运作来实现知识的增值。

（1）对内强化组织行为的商业目的。可以从以下两方面入手：

一方面，确保知识资源的统一配置。当组织内部遇到急、难、险、重等特定的工作任务时，能够快速有效地调动各方面的力量，充分发挥集体协同作战的优势，从而使知识资本增值最大化。例如，英国石油公司使用一种以 Notes 为基础的管理系统，对专门知识进行详细分类编目。在发生不测事件时，公司就使用员工和承包人花名册，以便迅速确定谁（如经理、地质专家、财务人员、领班或渡轮人员等）该去应付这一不测事件。另外，英国石油还通过召开电视会议，利用参加人员之间非语言交流的特点，把这些"角色"联络在一起，使他们相互熟悉起来，形成一个坚强有力的"作战室"，能够快速有效地在恰当的时候召集恰当的人员，调动各方面的力量，处理好紧急问题。因此，确保组织内部知识资本的统一配置是实现知识资本增值的强大推动力，只有把各种分散的知识资本整合到统一的大目标上，才能实现企业行为的商业目的。

另一方面，促进知识的流动畅通。为在最短的时间内调动最大的知识能量，就需要加快知识的流动性，注重组织内部知识的广泛交流，使知识资本形成一种蓄势待发的良好状态。国内的许多企业有不少成功的实践，如软件行业知名的金山公司，非常注重自上而下、自下而上两个方面促进知识流动，通过企业内部网，实现上下级之间、员工之间信息流动的畅通；同时注重员工之间面对面的交流。由于金山产品线长、工作复杂，因此员工之间直接交流是必不可少的。金山公司主要通过各种频繁的会议实现面对面交流，如行政例会，每周一次，每次 20 分钟，使员工明确自己的工作任务；不定期会议，随时讨论工作中遇到的问题。促进信息与知识的流动性，是实现组织商业目的的重要条件，许多传统企业中知识陈旧就是因为更新、流动不畅；长期以来形成的"知识孤岛"，也是由于信息知识流程断裂。

（2）对外实现知识的市场价值。成功运作知识资本可以极大地增强组织的核心能力，在对内强化知识管理经济价值的同时，还要积极对外寻求知识的市场运作，努力推动资本的产业化进程，这是实现知识增值的最直接途径。可以从以下三个方面进行考虑：

第一，推进人才与技术优势的商业化。拥有雄厚的人才资源和技术资源，未必带来理想的经济效益，关键在于商业化运作能力的高低。清华同方是很好的例证：围绕将学校的科研成果转化为产品或产业这一目标，清华同方逐步形成了一个知识型企业独特的运行方式：依托清华大学的人才优势与技术优势，从清华大学已有的科研项目中发现、筛选可与市场结合的风险项目，二次开发并孵化出新的产业甚至新的风险企业。可以看出，清华同方的知识运作可以分为两个层次：一是将科技成果或科技能力转化为新的产业，在此基础上孵化出新的企业，进而在资本市场上转让与出售；二是将上市筹集到的资金用于新产品的开发或企业知识网络的建设。企业的成功在很大程度上取决于知识资本的巧运营。

第二，谋求无形资产的价值有形化。对专利、商标、许可证、品牌、研发机制、客户关系、经销网络等无形资产的运营是实现知识资本增值的主要途径，特别是对知识产权的商业运作是知识资本物质化的重要体现。组织在知识产权市场保持优势，就可以掌握竞争的主动。许多企业的成功实践都证明了这一点。据《哈佛商业评论》报道：IBM 公司自从开始运营其专利许可证以后，利润大幅度增长，从 1990 年的 3000 万美元达到 2000 年的 10 亿美元。施乐公司也将重点转向经营复印机和文件管理系统的专利版税，在两年内，这笔收入从 1000 万美元增加到 2 亿美元；Dell 公司为了保持自己的竞争优势，将42项专利用在商业模式的创新上，并以此作为与合作方讨价还价的筹码。

第三，注重对知识资本的管理与生成。知识资本增值必须要实施商业运作，但成功的商业运作又是以成功的知识资本管理和生成为基础的。因此，在进行知识运作的同时，还要不断加强知识产权等无形资产的开发、生成、注册等管理环节，这样才能保证知识资本的商业化运作不会成为无米之炊。

具有百年历史的美国道化学公司（Dow Chemical Co.）是一家国际化大公司，在1997年全美最大的500家公司中排名第六位，销售额为200亿美元。公司对无形资产的运营非常重视，把公司无形资产管理分为计划、竞争力评测、分类、价值评估、投资和组合六个阶段，建立起企业的无形资产管理系统，设置了无形资产经理人网络，成立70多个多功能小组，任务是开发和实施符合企业战略的无形资产管理计划。自实行这套无形资产管理模式以来，公司已获得丰厚的经济回报，仅通过放弃或赠送本企业不再具有价值的专利，公司已节省专利税4000万美元，而专利的许可使用费收入更是巨幅增长。

9.2 核心知识与知识运作能力的关系

核心知识和知识运作能力是两个不同的概念。很多人不加区别地使用，结果造成了不必要的混乱。George Stalk 在《计划评论》一文中发表了关于核心知识竞争力与知识运作能力的观点，他认为"核心知识是为扩大生产线提供测度标准的个人技术和生产技能的结合。而知识运作能力是核心知识竞争力赖以转化为现实的机制，二者互为补充"。核心知识是从知识的实体性角度说明企业的知识、技术、技能等具有的独特性与用户价值性，强调业务价值链某一点上的技术技能或生产技能；知识运作能力是从知识的过程性方面显示企业转移、交流、共享知识而使其物化成能为客户提供特定好处的产品或服务的效率,强调的是整个业务价值链——一系列从开始到结束连续的行为,为内部的或外部的客户提供服务。从本质上说,核心知识属于认识的范畴,而知识运作能力属于实践活动的范畴。核心知识与知识运作能力是相互依从并相互促进的。它们的关系可从两个方面来说明:(1)核心知识是知识运作能力形成的基础与前提。只有掌握了一定的核心知识,并且消化理解付诸实践后,才能成为知识运作能力。没有核心知识的吸收与积累,知识运作能力也就成了无源之水,无本之木;(2)知识运作能力对核心知识的获得又起着一定的制约作用。知识运作能力越强,获得核心知识越快。知识运作能力越弱,获得核心知识就越有限。

9.3 知识竞争优势矩阵

如前所述,当知识要素从其他生产要素中独立出来,并成为企业最重要的资源时,企业的竞争优势本质上就体现为企业的知识竞争优势。知识竞争优势包括企业的核心知识和企业的知识运作能力两个维度。核心知识是从知识的实体性角度说明企业的知识、技术、技能等具有独特性与用户价值性;知识运作能力是从知识的过程性方面显示企业转移、交流、共享知识而使其物化成能为客户提供特定好处的产品或服务的效率。两者的有机统一组成了体现知识实体性与过程性的知识体系——企业知识竞争优势。值得一提的是,两个维度只有协调匹配才有可能成为企业持续性竞争优势的源泉。如图9-1所示两者之间的匹配关系。

(1)实体性竞争优势

实体性竞争优势的特点是企业的核心知识竞争力较强,而知识运作能力弱。这种情况下,企业主要依靠所拥有的独一无二的专长、知识和技术知识体系来获得竞争优势。因此,企业应重视知识的积累和知识的创新。比如,加大R&D的投入力度,设立企业的研发中心,建立学习型组织,以促进知识的不断创新，在知识的创新方面领先于对手。

```
高 ↑
  │     │      │
  │  △B │      │
  │实体性竞争优势│持续性竞争优势
核│     │   △C │
心├─────┼──────┤
知│     │      │
识│  △A │      │
竞│偶然性竞争优势│运作性竞争优势
争│     │      │
力│     │      │
低└─────┴──────┴──→ 高
       知识运作能力
```

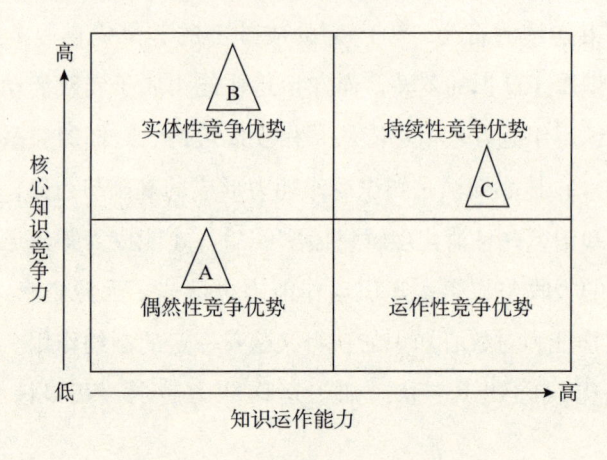

图9-1　企业知识竞争优势矩阵

（2）运作性竞争优势

运作性竞争优势与实体性竞争优势相反，其特点是企业的知识运作能力较强，而核心知识竞争力较弱。这种情况下，企业主要是通过知识的运用和实践，而不是知识的创新来取得竞争优势。因此，企业经营的重点应放在知识的流动和转化方面，以促进知识转化为生产力。这种类型的企业往往依靠与实力较强的科研机构建立密切的联系，来解决企业知识创新能力不足的问题。

（3）持续性竞争优势

持续性竞争优势的特点是企业的核心知识竞争力和知识运作能力均较强。这种情况为企业快速、稳定的成长创造了极为有利的条件。但这种类型的企业往往都是一些实力雄厚的大型企业，它们不仅拥有强大的研发能力，而且在生产运作和市场开发方面也拥有突出的表现。微软公司就是拥有持续性竞争优势的典型例子。相比而言，中小型企业很难具备持续性竞争优势。

（4）偶然性竞争优势

偶然性竞争优势的特点是企业的核心知识竞争力和知识运作能力均较

弱，具体表现在生产规模较小、研发能力较弱、市场开发能力不足等方面。这种情况下，企业的优势主要通过偶然性机会来获得。因此，企业要注意提高市场的反应能力，捕捉市场机会，在企业的经营中不断增加企业的知识积累和创新能力，使其向实体性竞争优势或运作性竞争优势转化。

图 9-1 对三个拥有不同核心知识竞争力和知识运作能力的公司做了比较。公司 A 在核心知识竞争力和知识运作能力两方面都不足，在竞争中处于非常不利的地位。公司 B 具有很强的核心知识水平，而知识运作能力较低。这意味着它可能在把商品和服务推向市场方面缺乏效率，或在保持产品质量和一致性方面不足。因此，公司 B 受制于其相对低下的知识运作能力。公司 C 在核心知识竞争力方面略逊于公司 B，但却在知识运作能力方面远强于公司 B，这意味着公司 C 具有更强的销售商品和服务的能力。

9.4 案例分析：知识型企业如何获取持续竞争优势[1]

知识型企业是一种主要依靠智力资源的投入与开发，通过知识的生产、传播和应用来获取经济效益的微观经济组织。与传统的职能型企业相比，知识型企业其主要特征是重视知识创新，强调决策的自主性和灵活性，企业员工大都具有专业知识和专业技能而且富有创新精神等。清华同方堪称知识型企业的典范。下面以清华同方公司为例，运用上述理论来说明知识型企业如何获取持续竞争优势。

（1）定位知识型企业

清华同方股份有限公司（以下简称清华同方）作为我国新生代的高校高科技上市公司，自 1997 年 6 月创立并在上海证券交易所挂牌上市以来，

---

[1] 本案例取材于杨晓峰、杨晓荣编著的《技术创新》一书，经作者整理而成。

同方充分利用清华大学的技术与人才优势，经过业务合并和调整等一连串战略举措与运作，走出了一条产品促进知识生产和应用、以知识促进企业发展的超常规快速发展道路。1997年，在股票上市仅半年而募股资金尚未开始发挥作用的情况下，清华同方即全面超额完成了招股说明书中所承诺的各项经济指标，实现销售收入3.85亿元，超额计划60.4%，年增长率为214%；利润6943万元，超额计划22.9%，年增长率为155%。与此同时，清华同方股票在二级市场中成为一道亮丽的风景线，被誉为高科技板块中的领头羊。

清华同方作为一个知识型企业，主要是通过知识的生产、传播和应用，以及新的产业项目甚至新的企业的孵化来获取经济效益的。具体表现为以下几个方面：

首先，知识型企业主要销售的是知识型产品与服务。在这一点上，清华同方也不例外，它提供大量的知识型产品与服务。但清华同方作为一个知识型企业的精髓并不仅仅体现在这里。清华同方的真正优势是，将知识型产品与服务集成到一起，以知识的综合运用能力为客户提供工程解决方案，如在人工环境产业领域，清华同方主要销售的不是空调器等硬件产品，而是一种根据边界条件来确定最优先的设计、实施方案以及其相应的工程作业。清华同方这种知识的综合利用能力是公司依托清华大学的人才、科技优势所取得的，是一种别人无法取代的优势。

其次，利用知识来获取利益是知识型企业的一个普遍特征。清华同方所依托的是中国最大的知识生产源之一——清华大学。因此，清华同方的主要功能定位是：把作为知识源的清华已有的成果进行孵化，以形成新的产业或新的企业，如清华同方技术公司的大型集装箱检测项目；利用与吸收清华大学已有的科技人才的知识与能力，将其转换成一种知识产业的开发能力，甚至在此基础上建立新的企业，从而为公司带来新的利润增长点，如清华同方光盘有限公司的组建，其目的就是要将清华大学国家光盘工程中心所拥有的科研能力转换成一种产业能力。

再次，高浓度的知识含量。在知识经济时代，导致企业产品与服务成功的关键因素是其中所摄入的知识含量，因此，一个企业的竞争优势主要体现在人才上。清华同方拥有一大批高层次的知识型人才，并把这批人才视为最重要的战略性资源。

最后，知识型企业的管理机制。某种意义上说，知识型企业销售的是人的知识、技巧与能力，因此，与传统企业相比，知识型企业的组织结构与管理将具备一种明显不同的特征。清华同方实施的是一种知识型的管理：清华同方拥有一大批知识型的管理人才；清华同方适应作为一个知识型企业的特点，建立起一系列知识型管理制度，如清华同方的"资产授权管理、投资回报考核、公司监督执行"就是一种符合知识经济时代企业组织结构扁平化的管理制度，极大地确保了公司运作的灵敏性。

（2）依托母体获取技术优势

一个企业要生存并实现自己的战略目标，就必须找出自己在市场中的资源优势，并借此培养自身的核心能力。清华同方把自己的根系深深地扎根于清华大学这块丰润的沃土之中，并依托母体清华大学获取了强大的技术优势。

1）探索创新机制

技术创新能力是高科技企业生存与发展的基础。清华同方背靠清华大学，具有丰富的科研成果资源，但必须遵循市场和技术发展的共同规律，根据市场需求组织技术创新，同时通过关键性核心技术的不断转化和产业化，反过来引导市场需求，才能使技术创新真正成为产业持续高增长的原动力，成为引领市场的龙头和品牌提升的基础。

清华同方作为一个校办企业与知识型企业的典范，其真正优势在于以知识的综合运用能力为行业用户提供系统的技术服务，将知识型产品与服务集成到一起。实际上，作为一个脱胎于高校的企业，同方"与生俱来"的优势不是产品销售，也不是规模化生产，而是一种对新技术的学习、应用、综合能力。这也是清华同方一直比较偏重于集成技术与工程性项目的原因。但很显然，要实现社会对清华同方寄予的厚望，要实现"创建世界一流高科技企业"的目标，要在世界经济的汪洋中抗拒风浪并谋求新的发展，就必须更专注于自主核心技术的创新与积累，选择符合企业发展规律的产业方向。

根据自己的总体发展战略，清华同方建立了特殊的研究发展中心。研发中心通过两种方式进行工作：一种方式是在研发中心内部成立研发小组（创新小组），把选择的好项目或好技术纳入企业内部进行面向市场的开发和完善。随着研发小组能力的不断加强，工作重点由技术研究为主逐步转向以市场推广为主。另一种方式是与清华大学的一些院系之间建立联合实验室，委托学校的科研人员根据企业要求进行相关技术的开发，同时企业把在市场前沿获得的第一手信息及时反馈给学校里的科研人员，使学校的科研开发更有针对性。研发中心作为联结学校和企业的桥梁，拆除了学校科研成果和市场需求间的障碍，保证了成果转化的成功率。

公司内部的研发小组，根据公司自身发展规划，在市场培育和队伍组建都已完成之后，或是发展为实业公司，或是把已发展壮大的研发小组进行转让，或是拿出去与其他社会企业进行合作，实现规模化发展。这样企业在顺利完成科技成果转化的同时，也获得新的利润增长点。

2）上中下游结合的产业发展模式

清华大学的科研人员在进行课题开发、承担国家攻关项目的过程中培养了极强的创新能力，这是一笔宝贵的"人才资源"；另外，清华大学每年有数百项具有应用前景的科技成果产生，这些成果需要寻找合适的转化途径。因此，清华同方的技术创新主要是借助学校科技人才的技术创新能力，根据自身对技术和市场的了解，不断选择合适的项目进行成果转化，形成了以清华大学科技成果为基础，以市场需求为标准，以同方研发中心为组织桥梁的科技转化模式，实现了科技链通向产业链的一条龙运行。

在企业发展中，清华同方的产业链形成了以信息产业和人工环境产业为支柱，以核技术和化工为新的增长点的产业布局，在网络工程、电力软件、楼宇自动化、人环设备等领域里产品和市场都具备了一定的规模。为保持同方在这些领域的持续竞争能力，同方继续依托清华大学的科研力量，并逐步形成了上中下游结合的产业发展模式。

清华同方网络公司主要业务是把先进的网络技术应用在不同领域，同方以清华大学和清华网络工程研究中心为技术依托，先后承接了"99世界园艺博览会"信息系统、第二十二届邮联大会信息系统等大型信息系统工程以及上海博物馆、三峡工程总公司办公大楼等近百个工程项目，在网络工程领域赢得了良好的声誉，为企业在该领域进一步拓展规模、创造良好的经济效益提供了条件。

清华同方在人工环境领域里的高速发展，也得益于这种上中下游紧密合作的发展模式。清华大学热能系空调教研室有多项科技成果在国内获奖，它主要针对的是人工环境领域新技术的研究开发。清华同方从科技成果的推广应用开始，把获国家科技进步二等奖的 RH 分布式微机系统应用于大中型城市热网的集中控制，为有关部门节省能源费数千万元，企业也因此得以迅速壮大。

与此相似的，清华同方在人环产业的发展也有效地推动了科研开发。1998 年，通过购买无形资产的方法，同方把清华热能系开发生产的节能性 RH—空调蓄冰设备、变风量设备等相关技术拿过来使用，解决了科研开发的资金问题。

3)"e 战略"

清华同方上市后，坚持了四个主要的产业方向，即信息产业、能源与环境产业、核技术和生物日化产业。虽然已经拥有有效的融资渠道，但他们并没有向各个产业方向盲目扩张，而是在原有的基础上继续深化，继续扩大规模。在清华同方的销售收入中，信息产业占 50% 以上，能源环境产业占 30% 左右，精细化工和核技术产业各占 10% 左右。

清华同方对自己的产业定位进行了深刻的考虑，从产业投入角度看，认准以信息产业为核心主业，将同方在信息产业中已有的积累和准备进行梳理，利用同方在信息安全、宽带通信、信息加工、智能控制等领域已形成的核心技术优势，培育以市场需求为导向的核心技术产品，突出以信息产业为发展主线，斥巨资全面推进"e战略"，并从"e-education网络教育"和"e-home数字化家园"这两个量大面广、市场影响较大的产业为龙头，在信息产业中形成良好的产业布局，集中精力发展以网络安全、宽带传输技术和信息资源建设为三大支柱的信息产业，以明确的产业定位、原创性的技术优势与核心技术塑造清华同方高科技实体的品牌形象。清华同方在从事信息主业的同时，在"信息安全"技术、"信息加工"技术、"智能控制"技术以及"宽带通信"技术等核心技术领域也取得了重要的突破。清华同方这四大核心技术的突破，其实也就是它在信息产业的"e战略"。"e战略"为清华同方信息产业发展格局奠定了很高的技术起点，并形成了以四大核心技术领域为中心的互相支持的产业格局，进而带动了同方软件、同方PC、同方系统集成技术等产业的整体升级。

应该说，清华同方已经在信息产业领域构筑了较为清晰的技术链、产品线、行业应用相互衔接、相互支持的产业体系。在短短的几年时间里搭建的这个体系，其"点位"几乎涵盖国内目前高速发展的几大信息化领域市场，前景相当可观。

4）独特的文化创新

企业文化与企业核心能力的关系密切。文化的意义在于它充盈着整个人类社会和历史生活。企业文化一旦被创造出来，其价值和意义就会超越企业，也超越员工心理。企业文化作为一种无形和有形的感知力量，在企业这个特定的群体中构成了一种氛围，它不仅为企业所创造，它也创造着企业。

企业文化是企业的灵魂，它的精髓是对企业做事准则的一种认同。"同方"二字源于《礼记·礼行》中"儒有合志同方"这句话，有"道义"之意。清华园最早的建筑—同方部，曾长期作为每年8月27日祭奠孔子的地方，其含义为"志同道合者相聚的地方"。同方部也曾是清华园内贤能之士聚会的地方。清华同方秉承清华大学"自强不息，厚德载物"的准则，逐步建立起自己独特的文化。

"承担、探索、超越"是清华同方的做事准则。作为一家具有高校背景的高科技企业，清华同方必然承担着"科教兴国"的重任。科教兴国是一种战略，它实施的关键是科教与兴国之间的结合。这需要一流的高科技企业作支撑。清华同方的每一个员工，都有承担这份责任的信念，并坚持一路走下去。

公司在快速成长，眼前并没有现成可循的道路，清华同方虽然取得了很大的成就，但他们认为自己还有许多事情不会做，因此应该具有一种探索的精神，"地上本没有路，走的人多了，也就成了一条路"。做事的过程中，同方一方面不断探索新路，不断学习；另一方面善于总结。他们的创新模式，他们的企业管理，都是在不断的探索中总结出的经验，而这些经验为同方构筑了一条高科技产业发展之路。

作为一个企业，清华同方把自己的位置放正，不断探索该怎么去做。只有这样，到了一定阶段，才能实现超越，把清华同方建成世界一流的高科技企业。

"忠诚、责任、价值"是清华同方的做人准则。针对个人而言，对企业要做到忠诚，责任和价值等同，这可以理解为一种做人的准则。在企业里，同方始终强调的就是责任。大家都在讲个人价值，企业也在讲企业的价值。个人和企业的价值最重要的体现是相同的，就是其所承担的责任的大小。不承担责任，就没有价值，同方在企业里成功地树立了这样一种文化认同。

清华同方的企业文化建设体现在每一项政策，每一件小事，每一个决定里，而并不在于好的口号，动听的宣传语，只有对每一件事情的评价，才是形成企业文化最根本的事情。清华同方是一个高速发展，拥有大批管理、技术人才的企业，要把每一个人的思想统一起来，必须依靠企业文化的凝聚力。

员工是清华同方至关重要的资产，给员工提供一个施展才能的舞台是其吸引人才的重要措施之一。清华同方在不断完善管理、人才制度，努力创造一个良好的发展环境，给员工以明确的方向感，使能干的人愿意留下来，发挥作用。在制定员工持股制度时，清华同方更多考虑的就是激励型的股票认股权计划，同时注重向技术人员倾斜。具体地说，就是给予核心技术骨干、管理骨干和有突出贡献的员工相应的期权。这样，企业主要骨干的利益目标将紧密地与公司发展联系在一起，对公司整体发展无疑是有好处的。

企业发展必须是企业产品和企业文化的同步发展，企业要打造核心能力，离不开企业文化的培养。文化的建立实际上是一种理念、一种意识的形成，企业文化则是企业无形资产的主要内容。在企业发展中，清华同方维持了有形资产和无形资产的平衡，从某种意义上来讲，同方创新的文化正是它进步的内在动力。

(3) 清华同方的知识运作

清华同方的主要任务是将学校的科研成果转化为产品或产业。

1) 用自身优势，孵化新企业

清华同方在很大程度上扮演着一种孵化器与风险投资商的角色，充分挖掘和发挥清华大学的科技优势与人才优势，将学校的科研成果源源不断地转化成现实的产业；同时，清华同方成立了研发中心，协助清华大学将现有能够和市场结合的科技成果进行转化，使之产业化。

2) 知识产品筹集资金

清华同方背靠清华大学，有非常雄厚的技术实力，其销售收入的70%~80%是自有技术创造的，是真正意义上的民族高科技公司。股民也正是认识到了这一点，所以对同方寄予厚望。清华同方上市第一天就完成了清华大学18年校办产业的发展与资金积累，大约筹集了3.3亿元资金，使同方的净资产达4.4亿~4.5亿元。另外，由于是高技术大公司，同方还被北京市新技术产业开发试验区批准为"新技术企业"，可享受减免税政策。

3）资金与知识运作相结合

清华同方筹集的资金主要用于促进新产品的开发或科研成果转化。在招股说明书中，同方承诺筹集的资金主要用于清华 RH 型分布式微机控制系统产业化、RH 型湿度传感器及测量仪表产业化、信息加工和信息服务产业化、风冷热泵机组产业化、楼宇自动化系统产业化、软件研究与开发中心、TH – MMDI 多媒体智能显微诊断仪技术改造、变风量节能空调设备产业化和蓄冷空调装置产业化等项目。同时，用于新产品项目的开发，如作为国家"863 计划"的新建大型集装箱检测系统项目开发。

清华同方采用"技术+资本"战略，利用上市获得的资金来实现企业的低成本扩张。如清华同方对江西 713 厂的"零成本"兼并使公司以最短的时间和最少的代价建立了生产与中试基地，目前正在运作的同方化工与相关厂家共同组建上市公司的计划，也将对清华同方有关化工方面的项目孵化带来极大的资金便利。

4）完整的知识（创新）网络

除清华大学外，清华同方与其他校办企业以及社会企业建立起了一个完整的知识（创新）网络，这是清华同方得以迅速发展的基础和保障。清华同方还与众多国内外企业建立了战略合作关系，如在自动控制领域与美国尼韦尔公司进行技术合作/在全国设立了 20 多个办事处及营销性子公司，形成了较完备的销售网络；自行开发并运行了计算机销售与管理网络，使得公司与各地办事处、代理商建立了资金调度、货物流转、合同登记、人事状况多项内容的实时运作与监控，保证了公司在规模经营上的高效性和安全性，促进了信息资源的共享。

清华同方还推出标准化培训服务，在全国范围内对电脑用户实行三维联合培训制度，本着就近原则，由全国培训网对用户提供全面培训。

清华同方的成功实践表明，知识型企业持续竞争优势的获得，不仅要依靠核心技术和知识，而且还要具有很强的知识运作能力做支撑，二者缺一不可，只有二者协调匹配研发企业才有可能获取持续的竞争优势。

第 10 章　企业核心僵化及其超越*

10.1　核心能力的辩证思考

唯物辩证法指出，在客观世界中普遍存在着矛盾，矛盾是一切事物发展的动力。任何事物都是一个统一的整体，但又包含着既相互联系、相互依赖，又相互排斥、相互对立的若干个相对独立的部分，任何事物不仅内部存在着矛盾，而且在发展中与外部也有着种种矛盾关系。如在战争中，攻防、强弱、劳逸、奇正、虚实、远近、进退、主客、胜负、勇怯等都是矛盾的对立统一。在市场竞争中，企业的个性与共性、优势与劣势、长处与短处、机会与风险、主观条件与客观条件、供应与需求以及产品的质与量等也是企业发展中一些对立统一关系。

矛盾的双方相互排斥、相互斗争、相互对立，但又具有同一性。同一性表现为两个方面的意义：在事物发展过程中矛盾着的各方在一定条件下相互依存，组成一个统一体；矛盾的双方在一定的条件下，各向其相反的方面转化。有了矛盾双方的转化，才有事物的变化与发展。孙子在《势篇》中说："乱生于治，怯生于勇，弱生于强。治乱，数也；勇怯，势也；

---

* 本章关于核心僵化的形成、解释、识别、超越等的阐述，主要依据：Leonard – Barton D..Wellspring of Knowledge：Building and Sustaining the Source of Innovation. Boston MA：Harvard Business School Press，1995；Leonard – Barton D..Core capability and core rigidities：a paradox in managing new product development. Strategic Management Journal，1992，Vol. 13：111 – 125.

第 10 章 企业核心僵化及其超越

强弱,形也。"其中就包含着对立面是可以转化的意思。孙子还进一步指出:"敌逸能劳之,饱能饥之,安能动之。"意思是说,可以改变条件使其相互转化。中国古代的太极图就是矛盾双方动态平衡的最好显示。太极图看似简单,其内涵博大精深,是对宇宙、物质、生命和精神世界本质的高度概括。

同理,一家企业在创建核心能力的同时也孕育了核心僵化的种子,"福兮祸之所伏,祸兮福之所依"。由于成功,可能导致企业家会陶醉于昔日成就,忽视了环境的变化,对竞争对手会不再那么重视,对市场动态会变得不那么敏感,更进一步地降低了创新的动力,放松对企业内部的管理并降低民主精神,想当然地依据当初成功的经验一成不变地指导今天,从而一天天地积累起僵化,形成难以矫正的错误思想方法。例如,亨利·福特曾宣布自己的公司只生产一种颜色的汽车,"只要它是黑色的"。这就是一种典型的核心僵化。这种态度就是拒绝给予顾客想要其他颜色的选择。又如,美国无线电公司原先在录像机市场上居领先地位,后来却被日本企业超了过去。究其原因,是在 20 世纪 60~70 年代对美国无线电市场的技术选择采取了无视客户需求的态度。美国无线电中心实验室开发录像播放机,习惯性地采取低成本电容而不是其他高性能的替代物,但是 RCA 客户电子部则倾向于产品的性能。由于中心实验室不协调阻碍了同客户电子部的合作,客户电子部便转而销售日本人生产的录像机,很快日本人生产的影碟机成为美国市场的畅销产品。美国无线电公司显然失利了。

如果企业滋长了核心僵化,不论它是价值观体系方面的,还是组织与管理方面的,或者是技术方面的、企业结构方面的,都会出现问题,影响到企业的战略决策、生产经营效率、产品质量,进而影响到企业的生存和发展。那些过去成功的企业在变化了的环境中,反而会因其成功的模式致使公司走向失败。例如,美国费尔斯通橡胶轮胎公司是一个有 70 多年增长历史的著名企业,其创始人费尔斯通坚持把客户和雇员视为"费尔斯通"

大家庭的一部分。公司的长盛不衰使经理员工对公司战略和价值、与客户和雇员关系，以及公司的经营和投资过程产生了强烈的一致性看法。公司已经发展出一种明确的成功模式，自 20 世纪初以来一直证明很有效。然而，当法国米其林公司带着子午线轮胎进入美国市场时，一切都发生了变化。这种在技术上有重大改进的轮胎比传统轮胎更安全可靠、更经久耐用，而且价格便宜。它不仅迅速占领了欧洲市场，而且深受美国用户的欢迎，包括费尔斯通的老关系户福特公司在 1972 年也宣布其新车全部采用子午线轮胎。面对子午线轮胎咄咄逼人的进攻形势，费尔斯通公司作出迅速反应，也投资 4 亿美元新建厂生产子午线轮胎。遗憾的是，多年陈旧的模式和技术习惯使费尔斯通未能实行彻底改革，对企业的技术结构、产品结构未能有效调整，没有及时关闭生产偏心轮胎工厂，使之继续影响企业的效益和竞争力，虽然投资新产品，但仍沿用老的技术和工作方式。因此，未能从根本上提高企业的竞争力，费尔斯通陷入难以摆脱的困境：1979 年工厂开工率不足生产能力的 59%，大量产品订单被取消，国内市场损失了 2 亿美元，还得租用仓库来堆放卖不出去的轮胎。再加上公司总裁错误地认为需求还会不断增长，不愿关闭过时工厂，在战略决策上一再失误，最后终于危局难免，于 1988 年被日本桥石公司收购。

10.2 核心僵化的形成

10.2.1 思维方式的僵化

思维方式的僵化导致战略决策、技术决策的重大失误，导致按部就班、例行公事和工作效率降低。施乐公司被日本佳能击败就是企业管理层战略思维模式僵化导致竞争力下降的一个很好的例子。20 世纪 70 年代施乐公司把 IBM 和柯达视为最主要的劲敌，将四万个销售、服务代表处作为前沿部队，将自己的专利技术作为护身法宝和不可逾越的堡垒，这一战略确实帮助施乐成功地击退了 IBM 和柯达对其核心市场的反复进攻。但是既有战略思维惯性使它看不到来自日本佳能、理光等公司的挑战，这些公司把市场目标定位在个人和小公司，为他们提供高质量的便携复印机，已对施乐构成严重威胁。原有的战略已经失效，当施乐公司觉醒过来，试图以质量战略击退日本公司时，已经贻误了战机，使其丢失了大部分市场。从日本方面来看，佳能、理光等公司由于拥有了将电子元件微型化的特殊能力，从而使它们能在世界市场竞争中左右逢源、得心应手。例行公事的僵化模式，往往起源于成功者，一旦他们发现某种方法特别有效，就希望把它固定下来。开始这种方法简便有效，可以节省人们的时间精力。但久而久之便产生了很大的惰性，人们不再以为它是有效率而用之，而是因为这种方式很熟悉、很舒服。例行公事的过程，扼杀了员工的积极创新精神，导致了效率低下和核心能力退化。

10.2.2 忽视环境的变化

企业现有的核心能力使得企业往往容易固守于自己的优势，而对外界变化所带来的挑战反应迟钝。由于一些外部事件，比如，当新的竞争者想出更好的办法服务客户的时候，当新技术产生的时候，或者当政治或社会发生重大转变的时候，而这些"变化"会使企业现有的"核心能力"显现出某种局限性。当然，企业可以借助现有的核心能力保持现有的竞争优势，但是，如果因此而对"变化"或"挑战"视而不见，那就会走向困境。例如，美国的西尔百货公司依靠它"现有的"、"占有地利"的店址，以及其 20 多年来在零售业的霸主地位和美国民众强大的购买力，可以保持它在零售市场的主导地位，但它没有意识到 Wal-Mart 的大举进攻，甚至在 20 世纪 80 年代根本没有把 Wal-Mart 列为其主要竞争对手，这使得这家大型百货公司到 20 世纪 90 年代走向萧条。西尔的一名前高级主管认为：公司之所以对外部事件视而不见，正是由于公司资料库里充满了针对各种问题所做的应对"公告"，使得人们误认为没有"公告"的地方就不存在问题。对于一些大型的、有成功历史的公司，其高层管理人员之所以对"风暴"感觉迟钝，是因为他们往往过于自信，认为无人敢向"巨人"挑战。

10.2.3 过分强调目标

核心能力形成了核心僵化，其中最普通、但也最不被人意识到的原因之一是过分强调目标——这也就是说，人们总倾向于屈从一个简单的概念，即好东西多多益善。以前有益的活动如火如荼地开展，结果过犹不及，不是促进，而是阻碍。麦肯锡公司的前任首席执行官肯·奥哈米描绘了一种破坏性后果的想法：具有竞争力的战略是，照旧去做，并比以前做得更好或更努力。他说："日本经理是其自身成绩以及由此产生的习惯的受害者……假如船正沿着错误的方向前进，那么划得越卖力只会起到破坏的作用……抵制变化，坚持维护你已取得的成果，把那些你知道如何去做好的事情做得更好，这些都是人类的本性。但是对于经理们来说有更为重要的事情，那就是避免把企业系统或客户价值定义视为理所当然。"

20世纪80年代，日本汽车制造业创造了令人刮目相看的奇迹，他们运用准时制、全面质量控制、高效的新产品开发手段，如并行工程、跨职能团队等，使得他们所设计、开发出的新型汽车比美国及欧洲的竞争对手快一年多，而且型号多、产品更新速度快。于是，美国和欧洲的汽车制造商开始向日本公司学习。进入20世纪90年代初期，它们之间的差距逐渐缩小，日本的竞争优势逐渐失去。另一种观点认为，日本汽车制造公司之所以失去其竞争优势也在于它过于追求多品种，过于追求汽车型号的快速变化，过于追求他们在20世纪80年代创造的竞争能力恰恰是20世纪90年代新问题的来源，他们过分强调了顾客的需求及产品的设计的整体性，而忽视了成本因素，而这恰恰是今天的现实问题。这种过分追求核心能力恰恰导致了"核心僵化"。

第10章 企业核心僵化及其超越

10.3 核心僵化的理论解释

有许多理论可以解释核心僵化这种现象，不同解释之间相互影响。从经济学的角度是这样解释的：打破核心僵化通常意味着削弱公司现有的能力。多数情况下，核心能力与核心僵化是连在一起的，密不可分。核心能力是企业竞争优势赖以确立的基础，企业需要的是不断强化和培育。但当核心能力产生核心僵化的负面效应，成为企业发展的桎梏时，要改变必然使现有的核心能力受到影响或削弱，甚至需要永久放弃。这对于大多数企业来说是既不愿意看到也不容易做到的。IBM新开发了精简指令运算芯片技术，它指令简单、速度提高，但没有得到IBM的青睐。原因是它特别适合于20世纪70年代中期出现的微型计算机，但这种微型计算机会夺取现有业务的顾客。

另一种解释是权力观念。要改变公司，就要有人从显赫的领导岗位上退下来。这种变革触及权利阶梯的顶层，也就不难理解，经理们当然不愿意放弃权力。海军用的连续瞄准开火系统发明后，许多船只的应用证明了它比原有系统更先进，并且，华盛顿的报告中详细论证了它的优点，但该技术遭受到的是漠视、争议和敌意。在这场论战中，一名海军上尉不得不直接求助于罗斯福总统。海军的高级军官们之所以反对这项创新，是因为他们清楚，其结果将是军事组织的彻底重组和另外的变化，比如，低级炮兵军官的权力将加强，并踏上提升的捷径。

行为学给出了第三种解释：人们对种种程序习以为常，各传统观念根深蒂固。事实上，上述三种原因交织在一起，成了一个难以攻破的复杂系统。对企业经济的威胁，同样也威胁到权利结构，因为个人技能和惯例程序是靠它维持的。

10.4 核心僵化的识别

从上述内容可知，核心僵化的形成有多种原因，有的产生于核心价值观体系上，有的产生在组织机构僵化上，有的表现在技术方面，有的表现在管理方面，有的源于最高领导层，有的存在于全体员工中等。企业必须建立灵敏的核心僵化识别机制，以便采取有力措施，对症下药，及早克服。因此，有必要建立各部门的自查自检制度，在可能情况下，还应设置专门的监督提醒机构，经常作一些核心僵化分析与报告，以使主要负责人常有镜可照，使整个企业能在不断清除体内垃圾的反僵化运动中更好地培育发展自己的核心能力，保持竞争力。

伦纳德·巴顿（Dorothy Leonard - Barton）认为核心能力包括员工的有形的技术系统、管理系统、知识与技能、价值观四个相互关联的层次，如图10-1所示。其中员工的知识与技能和有形的技术系统是知识的动态水库，表明核心能力不但体现在人的头脑中，还体现在有形的技术系统中，如机器设备、数据库、软件中；而管理系统和价值观是知识的控制或传递机制，这表明企业的教育、奖励和激励系统可以指导员工知识和技能的积累，而价值观决定了应该寻求和培育什么样的知识体系，以及哪些知识创建活动是被鼓励的，价值观是知识的筛选和控制机制。

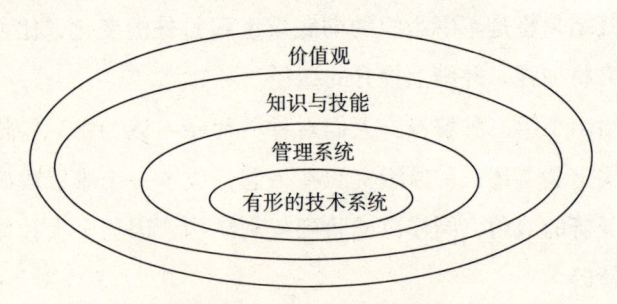

图 10 - 1　核心能力的层次

资料来源：Leonard - Barton D.. Wellspring of Knowledge：Building and Sustaining the Source of Innovation. Boston MA：Harvard Business School Press，1995.

第10章 企业核心僵化及其超越

英特尔公司的总裁安迪·格罗夫认为，任何公司迟早都碰到一个关键时刻，不得不作出巨大的转变而去再上一个新台阶。如果错过了这个时刻，就会开始走下坡路。NCR 公司就曾在 1972 年时面临着这么一个时刻。在它向计算机时代过渡的时候，公司遭受了来自核心僵化的威胁，这既有内部的过剩、也有对外部变化的迟钝反应。在公司建立起新兴能力之前，这些核心僵化必须加以克服。NCR 的困难是一种典型，代表着一类必须加以识别的核心僵化：该机构已经完全僵化，从前的大部分核心能力已经过时。经理必须重新建立机构。这是一个转折点，为了构建新的核心能力而必须摧毁旧的核心能力。

如今，高层经理已经认识到，即便核心僵化深深隐藏，也要鉴别出来。从摩托罗拉转至柯达的乔治·费舍尔说："不是简单地用斧头削减预算和人事，而是用大手笔去改变公司的运营情况。"取代肯·奥尔森的罗伯特·帕尔默是这样说数字设备公司的："公司正在发生变化。虽然还需要时间，但我们现在已经开始了。数字设备公司会经历一场变革的。"佐易斯·金斯特强调，IBM 的变化不可能只是表面上的："是否需要变化，能否回到过去，此类议论不会再有了。"

这些变化是十分具有挑战性的，因为就像核心能力一样，核心僵化也构成了一个系统。尽管核心僵化的四个层次是相互交叉并相互影响的，但是，学会单独地对各个层次进行考虑也是十分有用的。四个层次发生转变的难易程度各异，因此，管理层需要加以不同的注意。如图 10-2 所示。

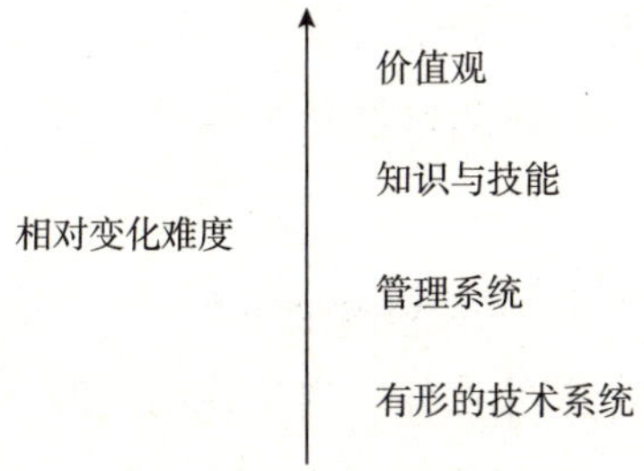

相对变化难度 ↑
价值观
知识与技能
管理系统
有形的技术系统

图 10-2 核心僵化四个层次的变化敏感度

资料来源：Leonard - Barton D. . Wellspring of Knowledge: Building and Sustaining the Source of Innovation. Boston MA: Harvard Business School Press, 1995.

10.5 核心僵化的超越

企业核心僵化是企业惰性的表现,极大地威胁企业健康、持续和稳定地发展,因此,企业必须努力克服核心僵化,不给其滋生的土壤和机会。要克服并超越企业核心僵化,关键在于知识创新。

企业中有四项主要的知识创新活动:在生产现有产品时,创造性的解决问题;提高企业的运营效率,整合内部知识;为了创建将来的技能而进行正规的或非正规的试验;从外部获得知识,实现外部知识的整合。

以美国的 Chaparral 公司为例,来透视一个企业如何通过上述四项知识创新活动,来不断超越核心僵化。

Chaparral 公司是一家微型钢铁企业,其雇员不超过 1000 人,在美国钢铁行业排名第十。在过去的数年中,Chaparral 公司曾多次创下了生产力的世界纪录。例如,在 1990 年,它生产每吨钢材只需 1.5 工时,而美国平均需 5.3 小时,日本平均 5.6 工时,德国平均 5.7 工时。它还是美国第一家获准使用日本产业标准化认证其普通结构钢材的公司。

Chaparral 公司的目标是要凭借低成本和高质量而保持世界领先地位。"世界领先"这一目标,要求 Chaparral 公司在超越现有技术能力之上的不断创新。而维持成本优势需要不断提高生产率。这一目标同时还要求现有技术的改善不能以质量和工人安全为代价。明确的目标使得公司的管理人员及员工都致力于为实现目标而增加价值活动,而正是这些活动使公司成为行业中的领先企业。

(1) 创造性地解决问题。在 Chaparral 公司,知识创新并非只是少数几个专家的专利,而是每个人的责任。当出现问题时,在场的人都会去查看问题所在,而不会认为"那不是由我来负责的"或者"对此我所知甚少"。在这种情况下,每个人,包括操作工人、电焊工、领班等都会自觉地聚集在一起讨论这一问题,而后又分头寻求问题的解决方案。每个人都会给他们觉得能够解决问题的专家打电话寻求帮助，而且在三到四小时内必会得到回复。服务人员也会及时到场，直到问题得到处理和解决。

在 Chaparral 公司，知识不论向上、向下，还是横向都能够充分自由的流动。在公司，员工可以非常容易地接近任何人，无论是 CEO 还是一般的操作工。例如，一个操作工可以让正走过的厂区的 CEO 停下，与他讨论一个有关新产品的问题。员工可以参与整个流程而不仅仅限于一个领域，操作工如果发现在线的质量问题，则可以直接向质量控制部门报告；生产工人承担 40% 的维修任务；虽然公司有营销部门，但公司中每个员工都可以被认为是销售人员，每个员工，从 CEO 到接待员都有对外名片。

（2）内部知识的整合。Chaparral 公司致力于持续改进生产过程。管理人员认为任何购买来的设备都可以改进，而新技术的实施必然伴随着创新。

Chaparral 公司有着"自己亲自做"的文化，公司的行政辅助人员很少，有 50 位高级工程技术人员，每个人都有直线职责，与钢铁制造直接相关。有关生产方法的决策被下放到最下面的监管层，即"知识"所在的地方。过程的改进可以立即实施，而不必等待高层管理的批准。而如果改进有效，每个人都会积极效仿。一级操作员的选拔除根据其知识创新技能外，还要根据其知识的传播能力，因为很多知识都需要在操作员之间横向流动。工作是按知识传播的要求来安排的。例如，在给新工厂分配横梁任务时，公司只培训两组操作员，每一组工作 12 小时（支付加班费），八个星期后，这些操作员被分散到其他操作员中间，从而可以传播他们的经验，并讲解新生产过程的特性。

在生产系统外，公司没有设立专门的研究与开发部门。实际上，Chaparral 公司每一位员工，包括操作工都在从事着研究与开发工作。在生产体系中进行的一些解决问题的工作和所做的实验都涉及研究与开发。

（3）创新和试验。从事创新活动就是要向未知领域不断探索和实验。Chaparral 公司有很多的实验并不总是有计划进行的，很多都是在生产线上临时被激发出来的。这种做法的优点是：实验环境越接近最终的生产环境，由此得出的相关信息就越可信、贴切。这种做法的缺点也很明显：有可能影响生产的正常进行，这也就是很多工厂之所以建立单独的实验室的原因。

Chaparral公司的经营理念是：如果你有什么想法，尽管去实验。生产管理人员甚至可以在没有上级授权的情况下动用1万美元的资金用于实验。公司最不寻常的价值观是对风险和失败的容忍。Chaparral公司的管理者不鼓励无风险的项目。公司的首席执行管Forward说，"我们对待风险的态度与其他人不同，我们总是在问，什么都不做的风险是什么？我们并不拿公司打赌，但是如果我们不承担某些风险，我们就会停止成长，我们就可能消亡"。Chaparral公司的一位员工说："每个人都会犯错误，在这里你不必掩饰错误，你只要纠正它并保持前进就可以了"。

当然，并不是员工的任何建议都能够被公司采纳。例如，当一名维修工在会议上建议引进数字式熔炉平台控制系统时，他必须向主管证明他的建议值得采纳与投资。两年来，他的主管一直对引进该系统毫无兴趣。但这位维修工一直在坚持。当他的主管最终明白了引进这一系统的潜在利益后，同意安装这种控制系统，并在Chaparral公司其他操作员中进行推广。

(4) 外部知识整合。在Chaparral公司，员工要不断地了解外部世界技术发展的动态。管理者对于必要的投资将毫不吝惜，但首先要确信现有的机构无法满足这种需要。Chaparral公司的员工不断地与外界技术水平进行比较，从外界寻找技术专家。公司还努力寻找最好的供应商进行合作，并且促进供应商进行不断创新。

也许是因为公司的CEO早年是一位冶金研究专家的缘故，公司对于最新技术动态始终密切关注。他们不仅从正规的出版渠道了解最新的专业发展，还通过与一些学术单位共同举办学术研究会议，以掌握最新的发展动态，通过这种方式可以在会议论文发表之前就了解新的技术知识。Chaparral公司努力从日本获得钢铁质量证书，这样做的目的并不是想向日本销售更多的钢,而是因为想通过日本对本企业流程的考察这一过程中学到新的技术和知识。

在知识经济时代,企业比以往任何时候都更需要创新精神,如果缺乏创新精神,就有可能被市场淘汰。英国的劳斯莱斯汽车公司的例子就是一个深刻的教训。劳斯莱斯汽车一直是身份和地位的象征,但是后来却被德国大众汽车公司收购,之所以走到这种地步,与该公司故步自封、缺乏创新和开拓精神有很大关系。世界早已进入用机器人生产汽车的时代,而劳斯莱斯还主要靠手工生产;在世界车型年年出新的情况下,劳斯莱斯的车型却保持了18年不变。劳斯莱斯的教训表明,如果企业因循守久,不搞创新,始终会被时代所淘汰。

10.6 核心僵化的例证:日本式管理的超越与被超越[1]

在20世纪80年代,日本被认为是世界上最具竞争力的工业强国,它的企业以惊人的高效率生产着高质量的产品,大量的美国管理人员前往丰田和索尼学习。

(1) 日本公司的成功模型

日本公司成功的模型建立在这样一个理念上:通过采用比它们的竞争对手更好的基本管理方法,一个公司能够同时实现最高的质量和最低的成本。通过连续改进,公司进行竞争时总是处于最佳实践的前沿。这种模型并不是抽象的理论,它源于日本公司在许多管理方法上领先而取得的非凡进步,主要包括精益生产、视雇员为资产、终身雇佣制、共识型领导方式、发达的公司间关系网络等。

1) 精益生产。在日本公司模型中,精益生产系统扮演着一个中心角

---

[1] 本案例取材于:Porter M. E., Takeuchi H., Sakakibara M.. Can Japan Compete?. Cambridge, MA: Basic Books, 2000. 经作者整理而成。

色。丰田（Toyota）汽车公司是精益生产的开拓者，它把产品开发、生产和购买看作一个整体系统。通过优化这一系统，丰田汽车公司同时取得了高水平的质量、生产力、及时交货能力以及灵活性。精益生产的由来可以追溯到20世纪30年代丰田汽车公司的建立，那时候，公司的创始人丰田喜一郎强调"适时生产"（Just in Time，JIT）的概念。20世纪40年代后期，丰田汽车公司当时的生产总监大野耐一吸收了福特和泰勒所用的管理方法的一些方面，比如生产标准化和一个使工人成长为多技能工作者的工艺系统。这一混合系统被丰田汽车公司不断改善，并为当时许多其他日本公司所采用。

精益生产是一个具有内部一致性的系统，它的组成部分包括：

① 全面质量管理。所有的日本工人都是产品质量的保护者，因此具有停止整个生产过程、针对生产问题采取补救措施的权利。工人接受标准处理问题能力培训，以提高个人素质。

② 连续改进。日本的工人经常会提出改进产品的建议，这些建议常常会在得到正式批准之前就付诸实施。改进的关键是在问题变得严重之前发现它们的方法，包括检查货物的库存、在发现问题时切断装配线以及清理工厂车间来检查机器的小毛病。

③ 适时制造。适时制造是通过看板系统来完成的，下游生产单位刚好获得所需的数量，而上游生产单位正好生产足够的产品来补充被取走的部分。

④ 与供应商的密切关系使供应商参与改进产品和部件的合作开发，同样也提高了相互之间的忠诚度。关键是从开发过程一开始就进行的频繁信息交换、人事变动以及与少数一类供应商的长期关系和促进供应商改进效率的激励。

⑤ 弹性生产。日本公司试图减少批量的规模并增加生产线的弹性，以适应较宽的产品线和产品型号的快速变动。弹性生产涉及机器和车间设计，要求机器适应设计的变动、生产的标准化和多任务的需要，而车间的

设计应使得生产规划能够轻易改变。因此，它扩大了公司的能力，使产品适应于特定市场并缩短引进新产品所需的时间。

⑥ 快速更替。在日本，为了支持产品的快速更替，新产品的开发和引进都很迅速，并且在生产的同时进行，而不是通过以后的开发工作来完成，其间用到了掌握多种技能的工程师、原型的快速产品化和供应商在开发中的积极参与。强力的生产管理人员协调着这些努力。

2）视雇员为资产。日本公司模型强调建立一套人力资源政策，该政策致力于在公司中营造一种集体主义氛围，增加雇员的忠诚度，并形成一种管理决策的长期导向。雇员的招聘非常严格，这限制了被雇佣员工的人数，雇员的奖金多少以公司整体业绩为基础，而且日本公司的管理风格强调共同参与，这些都被看作为营造集体主义氛围作出了贡献。在20世纪50年代和60年代，这一系统为日本公司所广泛采用，并在70年代扩展到规模更小的公司。

3）终身雇佣制。日本人力资源系统的中心是终身雇佣制，这种制度保证全时工作的男职员始终拥有一个职位，直到其职业生涯结束为止。他把职员和公司的动机联为一体。而且，雇员的认同感会从焊接或车床操作之类的特征工作或任务转移到公司。结果，雇员对变动的抵触性会小很多。终身雇佣制也促进了在职培训的开展，并培养出全面、掌握多种技能而且适应力强的工人。

4）共识型领导方式。日本公司模型领导方式的特点是寻求共识。所谓的禀议书决策制定过程，准许所有管理人员对议案提出意见，以达成意见的统一和决策的顺利执行。正式组织机构中的非正式团体促成了共同讨论的风气，这成为决策制定的基础。虽然在每一个团体中都有明显的、与年龄相应的层次之分，可是一个不采取论资排辈做法的非正式团体机构中，对行为负责的态度得到大家的普遍接受。

5）发达的公司间关系网络。日本公司模型的一个重要部分是银行、供应商和相关领域公司之间复杂的关系网络。在日本，这些关系是普遍存在的，而且在被称为企业联盟的行业群中最有名。历史上日本公司资产的80%到90%是通过银行贷款融资的，多来自它们所属的企业联盟银行会员。通过交叉持股的安排，日本公司的许多股票通常是处在友好团体手中。根据这些协议，日本公司相互持有股份，形成了一个稳定的长期所有权结构，并消除了来自股票市场的短期见效的压力。股东因这种形式的商业联系和持续增长带来的资本收益而获利。虽然联合联盟中的各家公司在管理各自的事务时相当自主，但存在一个很强的前提条件：尽可能在联盟内买进（因而也是售出）货物和服务。因而企业集团结构建立了一个稳定的供应商和顾客网络，该网络被认为非常有利于协作和竞争成功。

（2）日本式管理的被超越

在20世纪80年代中期，日本公司所取得的成功是如此令人震惊，以至于许多西方公司认定它们以低于成本的价格定价，进行不公平竞争。然而，主要来说，其原因仅仅是这些公司具有令人难以置信的生产力。日本的出口增加，它们的制造业在全世界一系列重要的行业中占有市场份额。由于劳动力生产率增长得如此之快，日本公司模型支持了日本工资和人均收入的大幅度增长。显然，日本公司模型在起作用。

然而，到了20世纪末，日本企业突然陷入困境，其主要原因不仅仅在于日本陷入似乎毫无尽头的经济衰退，更在于日本公司过于依赖长期以来的成功模式，而他们的最佳管理经验早已被西方公司所仿效甚至超越。

精益生产可能是日本式管理最重要的核心能力。它的产生不得不归功于当时日本企业家超前的预见能力：修复残次品导致时间的浪费，保留非必需的巨大存货又引起资源的浪费，而时间的浪费和资源的浪费已经严重地制约了企业经营效率的改善。因此，企业可以在提高产品质量的同时降低成本，从而大幅度地提高企业的经营效率。所以，日本企业迅速接受了美国管理学家戴明和另一位质量管理专家约瑟夫·朱兰的质量管理观点。在整个20世纪七八十年代中，日本企业远远走在了经营效率的前沿，并且在某段时间似乎可以无限改进，不断地提高质量并降低成本。但是，日本企业在精益生产上的关注是如此之深,以至于它们并没有看到外界条件的变化,致使精益生产现在几乎变成了劣势。虽然日本企业能持续地改进原有产品,但它们在开发具有产业变革潜力的产品上却乏善可陈。用波特的话来说,"用残酷无情和思维单一的努力来争取最佳生产会导致竞争趋同,竞争变成了沿着同一条道路的没有赢家的赛跑",也就是"缺乏战略竞争"。而另一方面,一旦西方公司学会了日本式管理,甚至开发出更新的方式,例如"6σ 原理",它们在其他方面,譬如创新战略的优势就会显现出来。

精益生产是日本式管理的一面,而日本企业"和"的企业文化则是另一面。"和"的企业文化的特点是寻求共识,也就是和谐、团结与合作,其基本假设是:达成意见的统一有利于决策的顺利执行。这种企业文化集中反映在日本公司的终身雇佣制和职位轮换管理模式中。终身雇佣制将员工看成是企业最重要和最有价值的资源,使得员工忠诚于企业,能与公司的长期目标相一致。职位轮换要求管理人员在晋升之前在各种不同职位之间轮换,使他们能进行全局性的思考,并且每个人都必须从基层做起的惯例也使得高层管理人员清楚地了解企业基层的运行。这种全员一致的思想使得日本企业有能力在生产效率和产品质量方面创造新的水平。不过,当日本跨国公司转向海外投资以后,这种"和"的企业文化的障碍就凸显出来。在外国的日本企业里面,日本式的共识不再可行。主要原因在于这种共识似乎只存在于日本员工之间,他们根本就不愿意听从外国员工的意见。尽管日本企业将其高效的制造体系成功移植到了海外,但这些企业往往只是利用了当地员工的手,而不能利用当地员工的头脑。而事实上,当地员工的见识对于创新和实施企业当地化战略,从而获取新的竞争优势,有着重要的意义。

日本企业之间由银行、供应商以及相关领域公司组成的复杂关系网络也被认为是精益生产成功的另一个关键因素。日本企业之间大量交叉持股,有着稳定的长期所有权结构,形成了所谓的企业联盟。这种公司网络的稳定性使得经理把精力放在长期的发展前景上，而非短期的利润上。这些网络也有利于培育公司与供应商之间的关系，可以提高公司的效率和加快产品的开发。但是由于缺乏来自股东的压力，日本企业往往无原则地维持非赢利业务，而不是把资本重新配置到更具生产力的用途上去，已有证据表明，与独立公司相比，企业联盟公司往往过度投资和过度生产，其资产收益率也明显低于独立公司。

"主银行制度"也曾经帮助过日本企业腾飞，这种制度使得企业和银行之间密切协作，集中金融资源发展优势企业，可以在短时间内打造出世界级的大企业。但其弊端却是银企关系缺乏透明、社会监督不能发挥作用，在股市崩溃时一损俱损。而且，上述这种企业的网络系统经过长时间的核心能力成功的刺激，已经根深蒂固于日本企业的发展过程中，限制了其他系统发展的可能，并阻碍了它们向新的竞争领域扩展。如果这种企业网络系统需要改变的话，彻底改造的困难将非常艰巨。

已经持续数十年的日本式管理的停滞不前现象表明，核心能力虽然可以给企业带来一时的成功，但是却不能带来永远的繁荣，有时甚至会成为企业进一步发展的障碍，而且这种障碍随着核心能力优势的加深而进一步增强。要走出这一怪圈需要企业战略家对于核心能力更为清醒的认识以及更高层次的预见能力。清醒的认识可以使企业不会陷入盲目的乐观，因为环境不是一成不变的。而更高瞻远瞩的眼光可以使企业在核心能力陷阱到来之前就采取措施避开，并使企业能够开发出新的核心能力而获取市场优势。

(3) 日本式管理的超越和转型

面对数十年日本公司的停滞不前，日本的企业领导人面临的挑战不低于其政府政策制定所面临的挑战。日本公司要实现成功的转型，对于日本公司模型中已有的良好特点应该予以保留。这些特点包括：悠久的历史、将雇员视为宝贵的资产、与供应商紧密的联系、在提高工艺水平方面进行的大胆投资，以及制造方面生产力的持续提高等。但是，日本公司进行竞争和管理的其他方式中的许多内容必须加以转变。

1）开展战略竞争

经营效率只是公司追求高绩效的两种方法之一。另一种方法是战略竞争，或者说是以一个独特的地位进行竞争，包括提供不同的产品和服务。经营效率竞争要求把相同或相似的活动做得比对手更好。而战略竞争的本质是以区别于竞争对手的方法开展商业竞争活动。与采用不同竞争方法、对活动有所取舍和作出选择不同，日本公司倾向于增加产品和特色，服务于整个市场，通过多重渠道进行销售，并且相互之间模仿生产方法。持续的经营改进弱化了战略的重要性。因此，日本公司面临的最基础的挑战就是要开展战略竞争，采取措施，以将自身与竞争者区分开来。

日本公司在其身边就可发现以下事实：一些公司有着独特的战略，这样的公司正在全球市场上获得胜利。在视频游戏产业中，任天堂、世嘉和索尼获得了长期的成功。在碳纤产业中，Toray 公司选择为满足某一消费者（运动器材生产商）的需求提供服务，而航空和国防部门中的其他需求被视为次一级的需求。在缝纫机制造业，Juki 决定将精力集中于工业用缝纫机这一细分市场，而不是家用缝纫机。在有着极为独特的战略的公司中，大多数都不是建立已久的、传统的日本公司，而是 20 世纪 80~90 年代才建立起来的新一代公司。日本传统的公司模型对这些公司桎梏好像要小一些。由于缺少与大公司结盟所带来的力量和资源，这些公司努力去寻找可以进行产品差异化的领域，并做了大公司所不愿做的取舍。今天，就整个日本经济范畴来看，对独特战略的需求已经变得很紧迫。大的、建立已久的日本公司必须找到自己的重生之路。

2）大力采用信息技术

信息技术的突飞猛进是工业经济转变为知识经济的直接推动力。作为信息产业形成的基础，信息技术进步的标志是计算机业不断发展。信息革命将远距离通信的费用几乎抹得一干二净，实际的信息传递费用变得微不足道。在过去的 30 年里，计算能力每 18 个月就翻一番，到现在通信费用已不足 20 世纪 70 年代初的 1%。传输速度的不断加快和通信成本的不断下降为各种专业的或者国家的、区域的、国际间的互联网络发展打下了坚实基础，因特网快速发展便是证明。

日本产业界对信息技术的采纳程度还很低，更罕有公司能充分利用因特网所具有的革命性的力量。采用 IT 业先进技术方面的迟钝性意味着日本公司正在承受着巨大的、不必要的成本，并且错过了重要的新增长的机会。

迅速采用信息技术应该成为日本国家级的当务之急。这不仅需要公司和产业界的努力，也需要政府的参与。政府所应完成的那部分工作是，必须将计算机文化教育纳入学校的课程，并且提供相应的基础设施、激励机制和竞争压力来刺激硬件、软件和相关服务的提供，从而将技术传播到全国的家庭和办公室。

在这样一个信息社会中，如果不全面采用因特网，日本公司将无法跟上时代的前进。GE、思科以及 Dell 公司的技术实践应成为日本公司学习的新模式。例如，1996 年，思科公司通过因特网收到了路由器和其他的网络器材定单中的 1/3。而到了 1999 年，这一数字达到了 80%。思科公司几乎所有的元器件都是在网上购买的，并且它的雇员是在一个无纸的环境中工作。据估计，思科的人均销售额是富士通的三倍。

3）转变战略目标——从增长到盈利能力

日本公司长期奉行一种以获得市场份额为当务之急的增长战略模式，结果导致模仿和竞争的汇聚和过剩生产能力的反复出现，这会进一步加剧盈利能力方面的问题。最终，增长的压力会导致公司在不相关的业务领域内进行多元化经营。总的来说，最终的结果就是资本的生产力低下。

盈利能力是发展战略的唯一可靠的向导。追求盈利能力上的目标要求日本公司对作为其实践基础的价值观进行根本的转变。获得良好的投资回报应该被用作检验一个公司是否成功地创造了经济财富、顾客和社会价值的最终测试手段。资金必须被看作一项应该被有效利用的有价值的资源。

公司的声望和回报应该来自独特性而不是规模。

4）实施"归核"战略

随着经营优势的日渐微弱和日本公司在泡沫经济后的低迷，日本国内增长的机会受到诸多限制，许多日本公司开始转向不相关领域内的多元化经营。在日本公司的多元化经营战略中，试图满足所有顾客一切需求的趋势也找到了发展之所，使得公司将自己纳入崇光商社的模式或者一般贸易公司。采用崇光商社模式的公司，它们经营任何一种可能的产品，并且提供从工程到金融范围内的各种服务。

日本公司应该放弃成为崇光制造商这个过时的概念，转向经营核心业务。一些高绩效的日本公司无一例外地集中在少数紧密联系的领域中。多元化经营的公司中，公司层次的战略和选择是与业务层次上的战略和选择同等重要的。

5）更新日本公司的组织结构

在日本，占统治地位的组织结构仍然是等级结构。在大多数业务领域内，僵硬的等级模式正在日益显得过时。一种新的组织结构显得更加适宜，这种模式与出井在索尼公司实施的模式相似。出井将公司重组为四个以市场为中心的业务单元，以增加自主权、促进创新、加快决策的制定和提高责任的可归属性。公司扮演的角色正在急剧降低。

日本公司同样需要采取步骤来提高公司的治理水平。仅仅由各业务单位拥护的内部人士组成的董事会已经显得过于庞大而且不易管理。这一结构使得战略选择，特别是缩小或者取消生产线变得十分困难。一些公司开始变革治理结构，如索尼公司将其董事会规模从38人削减到了10人，其中包括3个外部董事（非执行董事）。

日本公司的内部激励制度也必须加以修改。否则，日本公司将继续承受模仿和缺乏特色的战略所带来的危害。现存的激励机制体现的是平均主义和资力驱动。公司必须通过报酬、提升并给企业家财富的创造机会等方式来奖励创新和盈利能力方面的成绩。

第 11 章 企业环境创新选择及其对绩效的影响

11.1 引 言

Freeman 和 Perez 通过研究康德拉捷夫长波发现"技术经济范式"(Techno-Economic Paradigm,TEP) 的改变与经济增长周期密切联系,即经济显著增长和社会重建往往会加速危机的出现,其中第六经济长波的出现与环境的可持续发展有关。如图 11-1 所示。

从图 11-1 可以看出,未来社会的发展趋势是从工业社会向可持续社会转型。目前关于环境与经济间关系的研究存在三种观点:一种观点认为环境效益与经济效益之间存在正相关关系(Porter M. E., van der Linde C., 1995),其核心思想是环境压力能够促进环境创新(environmental technological innovation),进而提升经济效益;一种观点认为两者负相关或不相关,理由是环保法规的实施迫使企业将有限的资金投资于不具生产性的污染防治设备,从而造成投资于生产性设备的资金减少,最终使得企业的经济效益下降,而 Fogler 等(1975)的研究显示环境效益和利润的关系没有显著性;一种观点认为两者之间存在倒"U"形曲线关系(Wagner M., 2005),该观点综合了传统观点和以波特(Porter M. E., 1995)为代表的修正学派的观点,因此也被称为"综合的观点"。

第 11 章 企业环境创新选择及其对绩效的影响

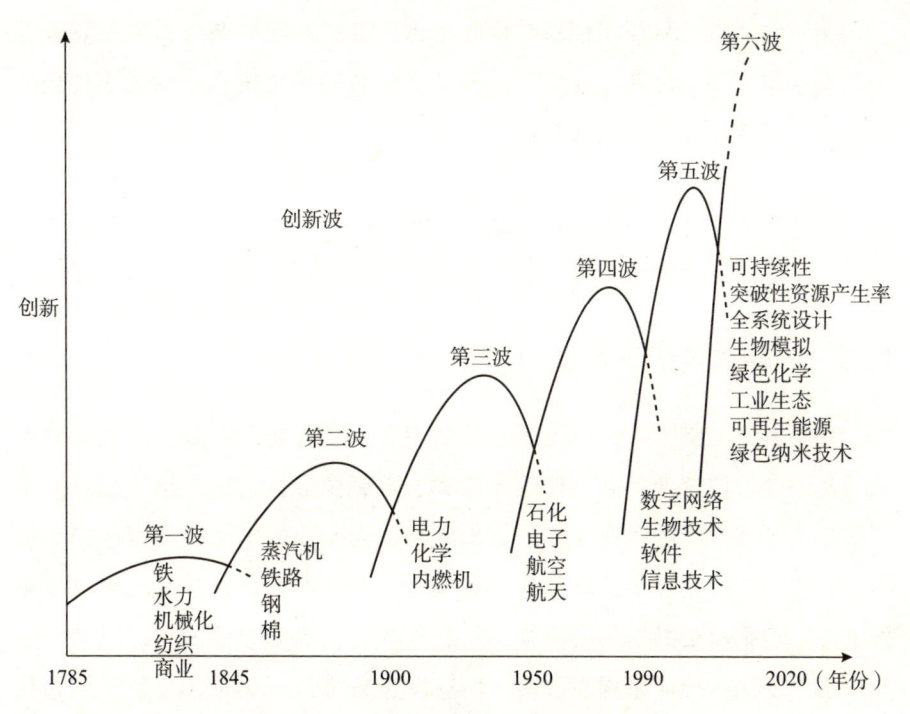

图 11-1 第六经济长波：可持续性社会

资料来源：The Natural Edge Project 2004.

可见，目前关于环境效益与经济效益的关系尚未有一致的结论，学者们对之有不同的解释。近年来，相关研究转向讨论影响两者关系的内在要素，试图从更深层次找出两者的内在联系。例如 Christmann (2000) 认为互补性资产 (complementary asset) 显著影响环境管理实践与企业成本优势的关系。

随着绿色经济与知识经济日益融合和发展，环境创新逐渐成为绿色学习型组织的核心要素，并成为企业环境管理研究的重要内容和新的研究热点。然而，不论在理论上还是在实践上，目前关于企业环境创新的研究仍很缺乏，鲜有文献对环境创新与环境效益和经济效益的关系进行深入探讨，企业环境创新对环境效益和经济效益的作用机理更是研究空白，在企业实践中环境创新亦未得到有效的开发和管理。

鉴于此，本章从环境创新的角度，将环境效益与经济效益关系联系起来，重点研究环境创新对环境效益和经济效益的作用机理，探索实现环境效益和经济效益互利共赢的途径。

11.2 相关研究回顾

11.2.1 环境经济学角度

在新古典经济学中，环境问题被认为是市场失效的产物，环境规制被认为是一种迫使企业提高额外运营成本、限制企业行为的手段。该观点主要从主流经济学中的生产成本函数出发，认为企业为了承担环境保护责任需要购买污染控制设备并雇佣专门操作设备的技术人员，从而必须增加额外支出，否则就要缴纳污染税等，所有这些均会提高企业的生产成本。企业对成本增加的反应是提高价格，而这反过来降低了需求，导致产出和利润下降。另外，环境保护支出的增加可能使得工业流程更为复杂，造成管理难度加大、管理费用增加，而增加的管理费用最终将被分摊到产品价格上，从而降低了产品竞争力。Brennan（2006）指出，尽管存在"绿色偏好"现象，但是生产和消费污染品依然在增加并已超过市场负荷的社会成本。Markusen（1995）假设企业生产引起地区性污染，提出不完全竞争市场条件下的两地区模型，认为：若污染负效应足够大，则两地区将提高环境税以致污染企业被推出市场；若污染负效应不够严重，则两地区将通过降低税率实现企业竞争。Batisti（2008）认为，纯粹依靠自由市场无助于绿色产品的技术扩散，企业较易购买便宜技术，需要政府给予诸如标准、财政手段等环境政策工具的干涉，如欧盟 IPPC（Integrated Pollution Prevention and Control）和 BAT（Best Available Technique）政策已经有效地激励技术创新。

11.2.2 环境竞争优势角度

波特（Porter，1995）认为，严格的环境保护标准加上企业的创新会使环境与竞争力之间的矛盾消失，因为严格的环境保护标准和法规能够激励企业创新，通过促使企业更有效地利用资源而提高了企业的竞争力。哈特（Stuart L. Hart，2005）指出，当环境保护成为总体战略的组成部分时，潜在的巨大商机之门就会开启。他将企业的环境保护战略划分为三个阶段——污染防治、产品责任和清洁技术开发，这意味着提升企业环境竞争力的途径已从末端治理转变为全过程控制。Claver、Lopez 和 Molina 等（2007）认为，采取积极的环境管理政策将为企业带来积极的环境效益、增加企业取得竞争优势的可能性。也有研究表明：差的环境效益对股票价格有负面影响，即会影响企业未来的盈利能力，"环境效益不高会影响企业的市场价值，差的企业将在未来遭遇经济损失"（Cormier D.，etc.，1993）。Esty 和波特（1997）从工业生态学的角度论述了工业生态化与企业竞争力的关系，认为工业生态学思想通常会有助于企业优化其资源生产率，进而会提升企业的竞争力，但在某些情况下若采用完全闭合的循环生产系统的成本将会超出其收益。

11.2.3 资源观和自然资源观角度

基于资源观的研究认为，企业的竞争优势最终取决于企业的核心能力（core competence）。该思想强调了企业特殊的知识和资源对企业获取持续竞争优势的重要作用。资源观理论强调了企业资源和能力的战略作用和地位，但忽略了自然环境对企业战略的影响。哈特（Stuart L. Hart，1995）提出的自然资源观理论填补了资源观理论的不足。自然资源观认为：企业战略只有在得到特定能力的支持时才能产生竞争优势，哈特（Stuart L. Hart）由此构建了基于企业与生态环境间关系的自然资源基础观（natural-resource-based view）；由于存在路径依赖和嵌入性，因此不同的战略阶段相互联系；环境战略各阶段之间的转换需要企业特定资源的支持，只有经过资源的积累和演化，绿色管理战略才能从较低层次发展到更高阶段。哈特（Stuart L. Hart，2011）通过总结和回顾1995～2011年这15年间的自然资源观理论和实践的发展，提出未来应更关注绿色跨越研究。

上文从不同角度对环境创新、环境效益与经济效益的关系进行了简要综述。回顾相关研究，可发现学术界对环境效益与经济效益的作用机理尚未有一致看法。目前还没有充分的证据验证波特假设的有效性和无效性，进而也无法证实环境效益与经济效益的关系。由于验证波特假设存在一些难以解决的问题，如未搞清楚企业的环境效益与经济效益的作用机制，因此近年来研究重点从得出两者关系的明确结论逐渐转向探讨环境创新对二者关系的作用和影响方面。

11.3 企业环境创新选择

关于环境的影响，主要有两种观点：一种观点认为，人的行为与自然环境难以兼容，因此环境管理的重点是尽量减小人对环境的影响；另一种观点认为，应通过设计环境系统来降低生产和消费活动对环境的影响。企业环境系统的设计和创新可使环境效益与经济效益协调发展，而基于渐进/激进的技术变化和对系统环境的影响程度两个维度，可以鉴别出三种不同的环境创新途径，如图11-2所示。

（1）环境要素改变。末端治理的目的是在不改变生产过程的前提下最小化环境的负面影响。如果系统中引入了新的要素，那么额外费用就可能增加。虽然引入要素费用高昂，且只是局部改善，但是采纳环保技术可改善当地的空气、水、土壤等。在没有找到根本的解决方案前，且在现有生产系统不能迅速改变的情况下，改变环境要素不失为一种有效的环保措施。

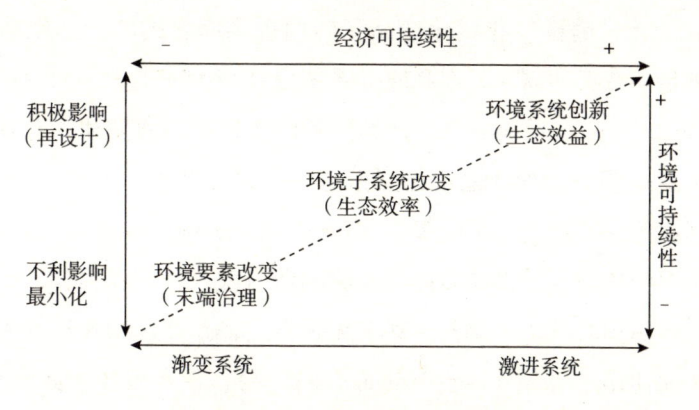

第 11 章 企业环境创新选择及其对绩效的影响

图 11-2 企业环境创新选择

（2）环境子系统改变。其手段是通过提高环境效率，减少环境的负面影响。对于如何解决企业发展与环境的矛盾，环境效率的概念提供实用的、行动导向的指导。尽管环境子系统改变对实现环境目标是令人鼓舞的，但仍然存在不足，因为增加环境效率的趋向被后来的发展消除（反弹效应）。

（3）环境系统创新。环境系统改变的重点是重新设计系统，提供实现环境效益的整体解决方案，追求自然系统与社会技术系统的协调统一。工业生态系统将自然生态系统的有关规律吸收进来，使资源转化后废物排放的线性开环系统，转变成将废物变成新的输入的闭环系统。

环境系统设计方法还可派生出两种系统设计方法——闭合循环方法和开合循环方法。前者是指在产品使用寿命结束后重新回到工业生产流程的起点生产同样或更有价值的新产品。该方法在实施中有很多难点，其中主要难点有：有些工业制品在报废后不易被分解、分拣；有些合金材料因成分复杂而不便回收提纯；橡胶等材料在每次再生回收后，其性能就有所下降，最后变得无法回收利用等。后者是指设计可生物降解的产品，并能变成养分在环境系统中进行循环。

在环境系统创新中，产品服务系统（Product Service System，PSS）被认为是环境创新的一种重要途径，并越来越受到重视。产品服务系统将过去单纯从设计、销售"物质化产品"转向提供综合的"产品服务系统"，以更好满足消费者的需求。产品服务系统设计分为三类：①面向产品的服务（product - oriented service），该类服务以实物为销售主体，并在出售实物时提供附加服务，如产品的售后服务——包括维修、更换部件、升级、置换、回收等；②面向结果的服务（result - oriented service），该类服务以实物为主要销售对象，供应商拥有实物的所有权，用户无须自己购买或拥有产品、不用担心维护、保养，甚至无须自己操作产品便能享受到最佳服务；③面向使用的服务（use - oriented service），该类服务（如汽车租赁）提供给用户一个平台（产品、工具、机会甚至资质），可高效满足其某种需求和愿望，消费者与供应商就某一功能的需求和供给达成一致，供应商完全根据客户需求确定所提供的产品和服务，而用户可以使用但无须拥有产品，只需根据双方约定支付特定时间段内或使用消耗的费用。

11.4 案例分析：生态轧制技术创新演进[1]

钢铁材料是人类生活中最重要工具和用具的制造材料之一。在将成块的钢铁铸坯（锭）加工制造为有用的钢材的技术中，最高效、最重要的技术就是轧制技术。生态轧制技术的目标和任务是将各种具有特性的钢坯（锭）经轧制成为符合各项技术要求的、物美价廉的、低耗的有用钢材，钢材生产工艺"短流程化、连续化、高速化和自动化"，热轧主要是"充分利用钢料的固有冶金热能，以最少的工序、最短的流程生产出"环境友好"的钢材。

可以说，"二高三低"——高质量（性能）、高效率、低消耗（物耗、能耗、水耗等）、低排放（废气、液、渣等）、低成本——是人类早已有之的自然要求。人们都想以最短的工序、最便宜的方法生产出最好的产品。

---

[1] 该案例来源于王廷溥等所著《现代轧钢学》（冶金工业出版社，2014）第一篇中的"轧钢技术的历史辩证发展"部分。在该书形成过程中，本书作者参与了该部分的讨论。

例如，早在 1857 年英国人 Bessemer 就提出了双辊铸轧机，直接由钢水铸轧成钢材，但经多次试验不得成功，人们只好采用对铸锭进行多次加热轧制的长流程工艺来生产钢材。自从用连续铸钢替代了初轧开坯以后，人们便进入了从长流程工艺向短流程工艺转变的先进工艺技术时代。从开发连铸技术、钢材在线热处理技术、连铸连轧技术、无头轧制技术到薄带钢连续铸轧技术的板带钢生产技术的演进过程如图 11-3 所示。

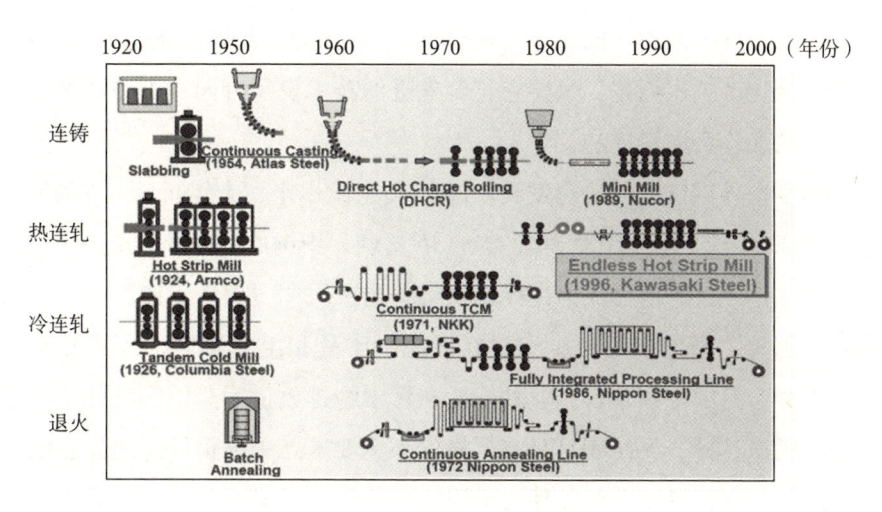

图 11-3　板带钢轧制技术演进过程

钢铁工业中的轧钢工业和轧钢技术是如何从无到有、从小到大、从落后到先进发展的？总的来说，钢材生产技术沿着短流程化、连续化、高速化、自动化的方向发展，也就是沿着前述的"三低二高"（低消耗低排放低成本及高性能高效率）也即优质、高效、低成本的生态友好的方向发展，且是曲折发展。以影响最大的连续铸钢来说，一百多年来，开始经过简单试验认为不可行，以后又经长时间的无数次试验，由于钢铁冶炼技术和连铸技术的改进，即由于试验条件的改进而于 20 世纪 60 年代取得初步成功。从而带来钢材生产加工技术的大发展。即使这样，在发展的过程中也是有争议和反复。中国在日本钢连铸比已达 92% 的情况下仍然引进其在仓库积压多年的大初轧机的事实就是一个明证。同样，带钢热连轧也是

1790年在设菲尔德建立了四辊热连轧机进行生产试验，结果彻底失败。一百年后，于1892年Teplitz又建立了半连轧机进行生产试验，也因轧制速度低等原因而未能成功。直到1924年，带钢热连轧才勉强应用于生产。薄带钢连续铸轧技术原是1857年英国Bessemer申请的专利，后经试验失败；中国王廷溥于1958年进行了"无锭轧制薄钢板"试验，为后来中国试验和发展薄带连铸技术积累了宝贵经验；美国经长时间的多次试验后，终于在全新的条件下取得了成功。由此可见，"条件变了，结果就会变"。对于很多轧制生产技术而言，只要它符合先进的技术发展方向，人类在经过多次失败后最终会取得成功。

当今世界钢铁工业快速发展。进入21世纪以来，十年间全世界的钢产量由2000年的8亿吨增至2013年的15亿吨，中国的钢产量也由1.5亿吨增至约7亿吨。中国已成为世界钢铁第一超级大国，但还不能算先进钢铁强国，因为中国生产的不少钢材在性能、质量和生产工艺上还不是最优的。例如，目前中国钢铁企业的能耗和污染物排放量远高于国外同类先进企业，远未达标，无法满足日益严格的环境要求。中国钢铁工业协会的数据显示，中国钢铁工业的能耗占全国能耗的15%，其污染物排放量占全国总量的14%，中国的钢铁工业属于典型的高污染、高能耗行业。随着全球能源和环境压力的加大，中国经济的快速发展面临巨大的能源和环境压力，中国钢铁工业的生存和发展也面临更为严峻的挑战。发展循环经济和生态工业以实现节能、降耗、减排，不仅仅是未来钢铁工业发展的主旋律，更是其生存和发展面临的紧迫历史使命，既是环境社会发展的需要，也是企业拓展发展空间、降低成本的需要。

鉴于此，今后轧钢技术的发展主要集中在生产工艺流程的缩短简化以及先进轧制技术的开发上，最终形成钢材性能高品质化、品种规格多样化、加工制造减量化、管理控制计算机化、产品与生产工艺的生态化——这应成为轧钢技术的主要发展趋向。我们应当也必须以可持续发展为目标，不单以技术进步和经济增长为前提，而以环境条件的生态技术为前提来发展钢铁工业和轧钢工业。中国学者王国栋（2014）提出建立生态化的轧钢生产工艺技术体系，其核心思想是"绿色制造、制造绿色"。所谓绿色制造，就是研发先进的工艺技术和装备、优化生产工艺流程，实行节能减排、环境友好、产品性能优良的减量化钢铁生产，并降低生产成本。所谓制造绿色，就是科学推行减量化的钢铁材料设计，采用洁净化制备、全流程产品质量保障等前沿理论和技术，进行绿色化产品开发，自主创新新型的高性能、减量化钢铁材料，开发海洋、交通、能源等新型产业急需的绿色化钢材。

11.5 讨 论

（1）技术创新与环境的关系

基于上述理论分析和案例研究，可以看出技术创新与环境之间存在链式互动关系。一方面，环境对企业影响的存在促使企业实施环境创新战略，而企业优良的环境效益对营造良好的环境创新氛围具有积极作用。例如，企业可通过建立环境创新导向机制来引导企业重视环保技术创新，将环保措施纳入企业日常活动和管理中，利用环保机制提高对环境创新的重视程度，改变认为环境保护仅是环保部门的事的观念。另一方面，环境创新促进环境的改善和环境效益的提高，实现环境效益与经济效益的"互利共赢"。例如，在本文案例中，薄带连铸技术是当今世界上薄带生产竞相开发的前沿技术，由液态钢水直接制出厚度为 1~5mm 的薄带坯，其特点是金属凝固与轧制变形同时进行，在短时间内完成从液态金属到固态薄带的全部过程。同传统的薄带生产工艺相比，降低设备投资约 80%，降低生产成本 30%~40%，能源消耗仅为传统流程的 1/8，工艺更加环保（例如，CO_2 排放量仅占传统流程的 20%）。

(2) 环境创新对环境效益和经济效益的影响

在环境效益与经济效益的关系中,环境创新处于核心地位、发挥关键作用;环境创新能否对经济效益产生显著作用,环境系统创新(既低成本又差异化的战略)起关键作用。企业通过环境创新研发环境产品、开发绿色市场,通过实施既低成本又差异化的环境创新战略获得良好的经济效益。反过来,企业良好的经济效益和冗余资源,特别是在环境压力下对资源进行优化配置能够促进企业对环境创新创业投资,提升企业的环境创新能力和环境管理水平,从而实现环境创新与环境效益和经济效益的良性互动。

然而,在实践中,很多企业在环境创新方面的经济投入与经济产出并不匹配,造成企业对环境创新的积极性不高,其真正原因是未认识清楚环境创新与环境效益和经济效益的关系。由于环境创新与一般技术创新相比具有一些特殊性(如外部性、复杂性和系统性等),因此环境末端治理很难直接产生经济效益,企业只是迫于政策的压力而被动进行环保投入。要使环境创新转化为经济效益,可从两方面入手:①采取以效率为导向的环境技术子系统创新模式;②采取以效果为导向的环境技术系统创新模式,如建立生态化轧制工艺技术体系的创新模式。在这两种主要模式中,应突出环境系统性技术创新,特别是环境系统性破坏技术创新(既低成本又差异化技术创新)。

基于以上分析,本书构建了如图11-4所示的环境创新对环境效益和经济效益的作用机制的概念模型。图11-4(a)中,环境驱动的技术创新与技术创新驱动的环境效益之间存在链式正向关系(+);图11-4(b)中,不同程度的环境创新对环境效益和经济效益的作用程度不同,其中环境系统性破坏创新与经济效益之间存在显著的正向关系(++),环境子系统改变与经济效益之间存在正向关系(+),环境末端治理与经济效益之间存在负向关系(-)。

第 11 章　企业环境创新选择及其对绩效的影响

（a）环境驱动的技术创新与技术创新驱动的环境效益的链式关系

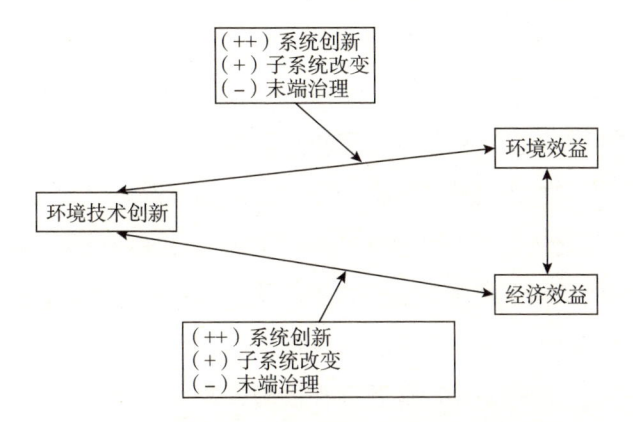

（b）环境创新与环境效益和经济效益的关系模型

图 11-4　环境创新对环境效益和经济效益的作用机制的概念模型

注："++"表示强正向关系；"+"表示一般正向关系；"-"表示负向关系。

11.6　结论与启示

11.6.1　结　论

（1）随着创新经济和环境经济的日益融合和发展，环境创新成为企业获得和保持可持续竞争优势的根本源泉。

（2）基于渐进/激进的技术变化和对环境的影响程度，存在三种环境创新选择——环境技术要素创新、环境技术子系统改变和环境技术系统创新——来鉴别环境创新的角色和影响。

（3）环境驱动的技术创新与技术创新驱动的环境效益之间存在链式正

向关系；在环境创新对企业经济效益的作用方面，环境系统性突破性技术创新起关键作用，企业要实现环境效益和经济效益的"双赢"，必须超越现有的生产技术系统，而不仅仅是对现有技术系统进行局部改善。

11.6.2 启 示

从宏观管理方面看，未来社会将进入以"绿色"主导的第六经济长波周期。中国应顺应历史规律，及时调整一味追求 GDP 增长的经济发展政策，将环境效益作为重要因素纳入考核指标体系中，坚定地实施绿色 GDP 发展战略。要特别指出的是，面对当前突出的环境问题，在经济发展与环境保护难以兼容的情况下，我国应采取环境优先发展的原则，决不能再走以牺牲环境为代价换取经济发展的老路。从中观行业管理的角度看，我国应重视产业政策对产业的引导和扶持，促进产业结构调整和升级，制定有利于促进系统性环境创新的产业政策和措施，改变目前粗放的产业发展模式，向绿色产业转型升级。从企业发展的角度看，企业家不仅要重视环境创新，而且要树立新的环境创新观。目前企业应利用国家产业促进政策来主动进行环境技术的改造和升级，在战略上要大力研发系统性破坏环境技术，因为企业惟有进行环境系统性破坏技术创新，才能在未来竞争中获得和保持可持续竞争优势。

后 记

本书是作者近年来在战略管理、创新管理和知识管理领域的部分研究成果总结。书中的主要观点和大部分内容来源于作者的博士学位论文《基于知识管理的企业核心能力研究》和作者负责的国家自然科学基金面上项目的部分研究成果，其中许多内容已在期刊杂志上公开发表。

在研究过程中，参考了大量国内外文献资料，得到多位师长的指导和帮助，作者深感受益和启发。在此谨致以最真诚的谢意。

本书出版过程中，知识产权出版社编辑室主任、编审段红梅博士及编辑们对本书提出了极其宝贵的意见和建议，作者对此表示万分的感谢。

本书的出版得到了国家自然科学基金项目（70572006，71272188）的资助，特致谢意！

最后，作者要特别感谢家人和朋友们的关心、支持和帮助！

由于作者水平和能力所限，本书中肯定有许多不足之处，甚至是谬误之处，诚恳地希望广大读者提出批评意见和建议。

作者的电子邮箱：wangj_yx@163.com。

王 江

2015 年秋于北京

主要参考文献

[1] Afuah A.. Redefining firm boundaries in the face of the internet: are firms really shrinking? [J]. Academy of Management Review, 2003, 28 (1): 4 - 53.

[2] Allee V.. The Knowledge Evolution: Expanding Organizational Intelligence [M]. British: Butterworth - Heinemann, 1997.

[3] McAfee A., Brynjolfsson E.. Big data: the management revolution [J]. Harvard Business Review, 2012, 90 (10): 60 - 66.

[4] Ansoff H. I.. Corporate Strategy [M]. New York: McGraw - Hall Book Company, 1965.

[5] Barney J. B.. Organizational culture: can it be a source of sustained competitive advantage? [J]. The Academy of Management Review, 1986, 11 (3): 656 - 665.

[6] Barney J. B.. Firm resources and sustainable competitive advantage [J]. Journal of Management, 1991, 17 (1): 99 - 120.

[7] Tidd J., Bessant J.. Managing Innovation: Integrating Technological, Market and Organizational Change [M]. 5th ed. Chichester: Wiley, 2013.

[8] Blackler F.. Knowledge, knowledge work and organizations: an overview and interpretation [J]. Organization Science, 1995, 16: 1021 - 1046.

[9] Brown S. L., Eisenhardt K. M.. Competing on the Edge: Strategy as Structured Chaos. Boston [M]. Massachusetts: Harvard Business School Press, 1998.

[10] Carrillo - Hermosilla J., del Río P., Könnölä T.. Diversity of eco - innovations: reflections from selected case studies [J]. Journal of Cleaner Production, 2010, 18: 1073 - 1083.

[11] Chandler A. D.. Strategy and Structure [M]. Cambridge MA: MIT Press, 1962.

[12] Chesbrough H.. Open Innovation: The New Imperative for Creating and Profiting from

Technology [M]. Boston: Harvard Business School Press, 2003.

[13] Cohen W., Levinthal D.. Absorptive capacity: a new perspective on learning and innovation [J]. Administrative Science Quarterly, 1990, 35 (1): 128 – 152.

[14] Davenport T H, Prusak L. Working Knowledge: How Organizations Manage What They Know [M]. Boston: Harvard Business School Press, 1998.

[15] Dess G. G., Lumpkin G. T., Taylor M. L.. Strategic Management: Creating Competitive Advantage [M]. New York NY: McGraw – Hill/Irwin, 2005.

[16] Eisenhardt K. M., Graebner M. E.. Theory building from cases: opportunities and challenges [J]. Academy of Management Journal, 2007, 50 (1): 25 – 32.

[17] Esty D C, Porter M E. Industrial ecology and competitiveness: strategic implications for the firm [J]. Journal of Industrial Ecology, 1997, 2 (1): 35 – 43.

[18] Gertler M. S. Tacit knowledge and the economic geography of context, or the undefinable tacitness of being (there) [J]. Journal of Economic Geography, 2003, 3: 75 – 99.

[19] Grant R. M.. Towards a knowledge based theory of the firm [J]. Strategic Management Journal, 1996, 17: 109 – 122.

[20] Hansen M. T., Octinger B. V.. Introdcing T – shaped managers: knowledge management's next generation [J]. Harvard Business Review, 2001, 79 (Issue 3): 107 – 116.

[21] Hart S. L.. Capitalism at the Crossroads: Next – Generation Business Strategies for a Post – Crisis World [M]. 3rd ed. Upper Saddle River, NJ: Wharton School Publishing, 2010.

[22] Hart S. L., Dowell G.. A natural – resource – based view of the firm: fifteen years after [J]. Journal of Management, 2011, 37 (5): 1464 – 1479.

[23] Hart S. L.. A nature – resource – based view of the firm [J]. Academy of Management Review, 1995, 20: 986 – 1014.

[24] Hart S. L.. Beyond greening: strategies for a sustainable world [J]. Harvard Business Review, 1997, 75 (1): 66 – 76.

[25] Heene A.. The nature of strategic management [J]. Long Range Planning, 1997, 30 (6): 933 – 938.

[26] Howells J.. The geography of knowledge: never so close, but never so far apart [J].

Journal of Economic Geography, 2012, 12: 1003 – 1020.

[27] Howells J., Roberts J.. From innovation systems to knowledge systems [J]. Prometheus: Critical Studies in Innovation, 2000, 18 (1) 17 – 31.

[28] Howells J.. Knowledge, innovation and location, in: J. R. Bryson, P. W. Daniels, N. Henry and J. Pollard (Eds) Knowledge, Space, Economy [M]. London: Routledge, 2000.

[29] Howells J.. Tacit knowledge, innovation and technology transfer [J]. Technology Analysis & Strategic Management, 1996, 8: 91 – 106.

[30] Johnson G., Whittington R., Scholes K., Angwin D., Regner P.. Exploring Strategy: Text & Cases [M]. 10th ed. Finance Times/Pentice Hall, 2013.

[31] Kleiner A., Roth G.. How to make experience your company's best teacher [J]. Harvard Business Review, 1997, 75 (5): 172 – 177.

[32] Leonard – Barton D.. Core capability and core rigidities: a paradox in managing new product development [J]. Strategic Management Journal, 1992, 13: 111 – 125.

[33] Lubit R.. Tacit knowledge and knowledge management: The keys to sustainable competitive advantage [J]. Organizational Dynamics, 2001, 4 (29): 164 – 178.

[34] Lundvall B. Å., & Johnson B.. The learning economy [J]. Journal of Industry Studies, 1994, 1: 23 – 42.

[35] McNamara G., Vaaler, P. M., Devers C.. Same as it ever was: the search for evidence of increasing hypercompetion [J]. Strategic Management Journal, 2003, 24 (3): 261 – 278.

[36] Meyer M. H., Utterback J. M.. The product family and the dynamics of core capability [J]. Sloan Management Review, 1993, 34 (3): 29 – 47.

[37] Mooney A.. Core competence, distinctive competence, and competitive advantage: what is the difference? [J]. Journal of Education for Business, 2007, November/December, 110 – 115.

[38] Neil T.. Distinctive competence: a marketing strategy for survival [J]. Journal of Small Business Management, 1986, 24: 16 – 21.

[39] Nelson R., Winter S.. An Evolutionary Theory of Economic Change [M]. Cam-

bridge, MA: The Belknap Press, 1982.

[40] Nonaka I., Von Krogh G.. Tacit knowledge and knowledge conversion: controversy and advancement in organizational knowledge creation theory [J]. Organization Science, 2009, 20 (3): 635 – 652.

[41] Nonaka I.. The knowledge creating company [J]. Harvard Business Review, 1991, 69 (6): 96 – 104.

[42] Penrose E. T.. The Theory of the Growth of the Firm [M]. NY: M. E. Sharpe, Inc., 1959.

[43] Polanyi M.. The Tacit Dimension [M]. London: Routlege & Kegan Paul, 1966.

[44] Porter M. E.. Strategy and the Internet [J]. Harvard Business Review, 2001, 79 (3): 63 – 79.

[45] Porter M. E.. Competitive Strategy: Techniques for Analyzing Industries and Competitors [M]. New York: Fress Press, 1980.

[46] Porter M. E.. Competitive Advantage: Creation and Sustaining Superior Performance [M]. New York: Tress Press, 1985.

[47] Porter M E, van der Linde C.. Green and competitive: ending the stalemate [J]. Harvard Business Review, 1995, 73 (5): 120 – 134.

[48] Prahalad C. K., Hamel G.. The core competence of the corporation [J]. Harvard Business Review, 1990, 68: 79 – 91.

[49] Rangan S., Adner R.. Profit and the Internet: seven misconceptions [J]. Sloan Management Review, 2001, 42 (4): 44 – 53.

[50] Rumelt R. P.. Strategy, Structure and Economic Performance [M]. Cambridge, MA: Harvard University Press, 1974.

[51] Senge P. M.. The Fifth Discipline [M]. New York: Doubleday Bell Publishing Group, Inc, 1990.

[52] Szulanski G.. Sticky knowledge. Barriers to knowing in the firm [M]. London: Sage, 2003.

[53] Teece D. J., Pisano G., etc.. Dynamic capabilities and strategic management [J]. Strategic Management Journal, 1997, 18 (7): 509 – 533.

[54] Von Krogh G., Ichijo K., Nonaka I.. Enabling Knowledge Creation: How to Unlock the Myster of Tacit Knowledge and Release the Power of Innovation [M]. New York: Oxford University Press, 2000.

[55] Wernerfelt B.. A resource-based view of the view [J]. Strategic management journal, 1984, 5 (2): 171-180.

[56] Wernerfelt B.. The resource-based view of the firm: ten years after [J]. Strategic Management Journal, 1995, 16: 171-174.

[57] 彼得·F德鲁克, 等. 知识管理 [M]. 杨开峰, 译. 北京: 中国人民大学出版社, 1999.

[58] 菲利普·科特勒, 约翰·卡斯林. 混沌时代的管理和营销 [M]. 李健, 译. 北京: 华夏出版社, 2009.

[59] 汉密尔顿·比兹利, 耶利米·博尼奇, 大卫·哈顿. 持续管理: 如何在员工离开时避免知识流失 [M]. 魏立群, 译. 北京: 电子工业出版社, 2003.

[60] 亨利·明茨博格, 布鲁斯·阿尔斯特兰德, 约瑟夫·兰佩尔. 战略历程——纵览战略管理学派 [M]. 刘瑞红, 徐佳宾, 郭武文, 译. 北京: 机械工业出版社, 2002.

[61] 加里·哈默尔, C. K. 普拉哈拉德. 竞争大未来: 企业发展战略 [M]. 王振西, 主译. 北京: 昆仑出版社, 1998.

[62] 杰恩·巴尼. 获得与保持竞争优势 [M]. 王俊杰, 杨彬, 李启华, 等, 译. 北京: 清华大学出版社, 2003.

[63] 金占明, 刘静国. 电子商务对行业竞争结构的影响 [J]. 清华大学学报 (哲学社会科学版), 2003, 18 (3): 35-39.

[64] 罗伯特·K殷. 案例研究方法的应用 [M]. 周海涛, 等, 译. 重庆: 重庆大学出版社, 2009.

[65] 马克斯·H博伊索特. 知识资产: 在信息经济中赢得竞争优势 [M]. 张群群, 陈北, 译. 上海: 上海世纪出版社, 2005.

[66] 尼古莱·J福特, 克里斯第安·克努森. 企业万能——面向企业能力理论 [M]. 李东红, 译. 大连: 东北财经大学出版社, 1998.

[67] 乔治·冯·克罗, 一城一雄, 野中郁茨郎. 实现知识创新——部分世界500强企

业发掘隐性知识掠影［M］. 余昌楷, 等, 译. 北京: 机械工业出版社, 民主与建设出版社, 2004.

[68] 唐纳德·索尔, 等. 如何提升公司核心竞争力［M］. 包刚升, 编译. 北京: 企业管理出版社, 2000.

[69] 托马斯·A 斯图尔特. "软"资产［M］. 邵剑兵, 译. 北京: 中信出版社, 辽宁教育出版社, 2003.

[70] 托尼·格伦迪. 大师论战略［M］. 王磊, 原磊, 译. 北京: 华夏出版社, 2005.

[71] 王众托. 知识系统工程［M］. 北京: 科学出版社, 2004.

[72] 魏江. 企业购并战略新思维——基于核心能力的企业购并与整合管理模式［M］. 北京: 科学出版社, 2002.

[73] 徐淑英, 刘忠明, 主编. 中国企业管理的前沿研究［M］. 北京: 北京大学出版社, 2004.

[74] 杨德礼, 胡培祥, 等. 电子商务环境下管理理论与方法［M］. 大连: 大连理工大学出版社, 2004.

[75] 杨锡怀, 王江. 企业战略管理: 理论与案例（第四版）［M］. 北京: 高等教育出版社, 2015.

[76] 伊夫·多兹. 管理核心竞争力以求公司更新: 走向一个核心竞争力管理理论［C］. 见: 安德鲁·坎贝尔等编. 严勇等, 译. 核心能力战略——以核心竞争力为基础的战略［M］. 大连: 东北财经大学出版社, 1999: 64-94.